Adelheid Beyreder

Brotaufstriche
pikant und köstlich
selbst gemacht

**Reizvolle Rezepte
und praktischer Rat**

GU
Gräfe und Unzer

Umschlag-Vorderseite
Diese Variante des Ei-Tomaten-Aufstriches bereitet man ohne Tomatenwürfel zu. Der Aufstrich wird dann mit Tomatenscheiben und Oliven garniert. Rezept Seite 37.
2. Umschlagseite
Kräuterquark ist ein gesunder und schnell zuzubereitender Brotaufstrich. Er läßt sich je nach Jahreszeit und persönlichem Geschmack mit den verschiedensten Kräutern zubereiten. Rezept Seite 18.
3. Umschlagseite
Die Mandel-Schoko-Creme bringt Abwechslung auf jeden Frühstückstisch. Sie können sie zusätzlich mit gehackten Pistazien bestreuen. Rezept Seite 49.

Adelheid Beyreder
lebt in Wien und ist seit vielen Jahren im Buchhandel tätig. Neben Beruf und Haushalt machte sie das Abitur und studierte Rechtswissenschaft. Seit dem Studienabschluß hat sie wieder mehr Zeit für ihr großes Hobby, das Kochen. Mit Begeisterung sammelt und erfindet sie Rezepte, um sie in der eigenen Küche auszuprobieren. Für diesen Küchen-Ratgeber hat sie besonders reizvolle Brotaufstriche zusammengestellt.

CIP-Kurztitelaufnahme der Deutschen Bibliothek

Beyreder, Adelheid:

Brotaufstriche pikant und köstlich selbst gemacht: reizvolle Rezepte u. prakt. Rat / Adelheid Beyreder. – 2. Auflage – München: Gräfe und Unzer, 1987.

ISBN 3-7742-1231-7

2. Auflage 1987
© Gräfe und Unzer GmbH, München.
Alle Rechte vorbehalten. Nachdruck, auch auszugsweise, sowie Verbreitung durch Film, Funk und Fernsehen, durch fotomechanische Wiedergabe, Tonträger und Datenverarbeitungssysteme jeglicher Art nur mit schriftlicher Genehmigung des Verlages.

Redaktion: Cornelia Schinharl
Herstellung: Monika Gerretz
Farbfotos: Fotostudio Teubner
Zeichnungen: Gerlind Bruhn
Umschlaggestaltung: Heinz Kraxenberger
Satz und Druck: Appl, Wemding
Reproduktion: Brend'amour, Simhart & Co.
Bindung: R. Oldenbourg

ISBN 3-7742-1231-7

Sie finden in diesem Buch

Ein Wort zuvor 4

Vor dem Start zu lesen 5
Praktische Küchenhelfer 5 · Von Joule/Kalorien und Mengen 5

Alles in Butter 6
Haselnußbutter 6 · Roquefortbutter 6 · Sardinenbutter 7 · Eigelbbutter 7 · Knoblauchbutter 7 · Kaviarbutter 8 · Quarkbutter 8 · Schinkenbutter 8 · Sardellenbutter 11 · Dillbutter 11 · Schabzigerbutter 11 · Kräuterbutter 11 · Currybutter 12 · Käsebutter 12 · Lachsbutter 12 · Basilikumbutter 13 · Tomatenbutter 13 · Pilzbutter 13

Käse – gesund und pikant 14
Tomatenquark 14 · Knoblauchquark 14 · Schinkenquark 15 · Radieschenquark 15 · Wiener Heurigenaufstrich 15 · Liptauer 16 · Liptauer garniert 16 · Käsequark 16 · Curryquark 17 · Deftiger Heringsquark 17 · Zwiebelquark 17 · Kräuterquark 18 · Waldviertler Topfenkas 18 · Leinölquark 21 · Selleriequark 21 · Basilikum-Oliven-Käse 21 · Brotaufstrich nach Znaimer Art 22 · Bierkäse 22 · Mascarponeaufstrich aus Triest 22 · Bulgarischer Käseaufstrich 23 · Romadurquark 23 · Pinienkern-Frischkäse mit Kresse 24 · Gorgonzolacreme 24 · Ungarischer Käseaufstrich 24 · Obatzter 25

Fisch, Fleisch und Geflügel 26
Feiner Thunfischaufstrich 26 · Schlesisches Heringshäckerle 26 · Schwedischer Lachsaufstrich 27 · Krabbenpaste 27 · Griechische Rogenpaste 27 · Kärntner Verhackertes 28 · Pikanter Zungenaufstrich 28 · Tatarenaufstrich 28 · Herzhafter Frühstücksaufstrich 31 · Zwiebelstreichwurst 31 · Schusteraufstrich 31 · Französischer Schweinefleischaufstrich 32 · Schinken-Ei-Aufstrich 33 · Kalbsleberaufstrich 33 · Großmutters Griebenschmalz 33 · Gänseschmalz 34 · Delikater Leberwurstaufstrich 34 · Gehackte Hühnerleber 35 · Feine Hühnercreme 35

Reizvolle Spezialitäten 36
Spanische Olivenpaste 36 · Brotaufstrich aus grünen Bohnen 36 · Avocado-Aufstrich 36 · Ei-Tomaten-Aufstrich 37 · Polnischer Zwiebelaufstrich 37 · Orientalische Kichererbsenpaste 38 · Brotaufstrich aus weißen Bohnen 38 · Japanischer Tofuaufstrich 41 · Möhrenaufstrich 41 · Hefeaufstrich 41 · Erdnußpaste 42 · Sesampaste 42 · Olivenpaste mit Kapern 42 · Serbischer Paprikaaufstrich 43 · Grünkernpaste 43 · Auberginencreme 44 · Erdäpfelkas 44 · Walnuß-Knoblauch-Paste 45 · Champignonaufstrich 45 · Apfel-Paprika-Aufstrich 45 · Basilikumpaste 46 · Linsenpaste 46 · Eierhäckerle 46 · Pikanter Kastanienaufstrich 47 · Misoaufstrich 47

Süßes aufs Brot 48
Aprikosenquark 48 · Orangenbutter 48 · Haselnußcreme 48 · Ingwerquark 49 · Rheinisches Apfelkraut 49 · Mandel-Schoko-Creme 49 · Möhrenbutter 50 · Süßer Apfelquark 50 · Dattelaufstrich 50 · Schokoladencreme 51 · Kürbiskernaufstrich 51 · Beerenquark 51 · Trockenfruchtmus 52 · Rosinenquark 52 · Zitronenaufstrich 52 · Süßer Kastanienaufstrich 53 · Weinbrandbutter 53

Rezept- und Sachregister 54

Alle Rezepte sind, wenn nicht anders angegeben, für 4 Personen berechnet.

Ein Wort zuvor

Brot ist eines unserer wichtigsten Lebensmittel, und sicher ist vielen bekannt, daß es in über 200 verschiedenen Sorten angeboten wird. Und dieses Brot, so gut es auch sein mag, wartet doch fast immer darauf, belegt zu werden. Wesentlich ist also der Brotaufstrich. Zu kaufen gibt es dafür natürlich mehr als genug, aber davon spreche ich nicht. Ich meine die feinen Brotaufstriche, die man selber machen kann und die so fantastisch schmecken und denen in den Kochbüchern bisher wenig Aufmerksamkeit geschenkt wurde.

Wenn Sie mich fragen, warum ich bei diesem unglaublichen Angebot an fertigen Produkten den Brotbelag selber mache, dann kann ich Ihnen dafür leicht mehrere gute Gründe nennen: Zum einen macht es mir viel Freude, meine Familie und meine Gäste mit selbstgemachten Köstlichkeiten zu verwöhnen, denn man kann dabei sowohl individuelle Vorlieben und Abneigungen berücksichtigen als auch die Aufstriche durch die Verwendung von bevorzugten Zutaten und Gewürzen ganz persönlich gestalten. Zudem kann ich bei der Zubereitung der Brotaufstriche im eigenen Haushalt die Qualität beeinflussen. Ich weiß, »was drin ist«. Allein das natürliche Aroma frischer Zutaten ist schon maßgeblich am wohlschmeckenden Ergebnis beteiligt. Man braucht keine künstlichen Aromen und Geschmacksverstärker.

Selbstgemachte Aufstriche können außerdem in haushaltsgerechten Mengen zubereitet und sofort verbraucht werden. Dadurch erübrigen sich auch chemische Konservierungsmittel und Stabilisatoren. Und zu guter Letzt sind selbstgemachte Brotaufstriche wesentlich preiswerter als fertig gekaufte. Man kann jeweils solche Lebensmittel verarbeiten, die gerade Saison haben und günstig auf dem Markt zu bekommen sind. Oder man verwendet als Grundlage Zutaten, die man sowieso gerade im Haus hat.

Sie finden in diesem Buch einfache, aber reizvolle Rezepte, die auch Ungeübten leicht gelingen und meist nur geringen Zeitaufwand erfordern. Ich habe für Sie delikate Buttermischungen mit vielen Varianten und zahlreiche pikante Käseaufstriche zusammengestellt. Der umfangreiche Rezeptteil enthält außerdem deftige Fleischaufstriche, feines aus Fisch und Geflügel sowie köstliche Gemüseaufstriche. Den kleinen und großen Naschkatzen habe ich ein eigenes Kapitel mit süßen Brotaufstrichen gewidmet.

Dieser Küchen-Ratgeber soll Ihnen helfen, kulinarische Abwechslung aufs Brot zu bringen. Die brillanten Farbfotos, die informativen Zeichnungen und die zahlreichen Tips werden Ihnen dabei wertvolle Hilfe leisten. Etwas aufwendigere Rezepte finden Sie in Schritt-für-Schritt-Fotos abgebildet und genau erklärt. Wenn Sie angeregt werden, Aufstriche abzuwandeln oder sogar selbst zu erfinden, dann hat dieses Kochbuch seinen Zweck erfüllt.

Viel Erfolg dabei und guten Appetit wünscht Ihnen

Ihre Adelheid Beyreder

Vor dem Start zu lesen

Um köstliche Aufstriche herzustellen, braucht man nicht viel Theorie. Sie können ohne großen Aufwand auch in der allerkleinsten Küche zubereitet werden. Es gibt jedoch einige Geräte, die Ihnen die Arbeit sehr erleichtern können.

Praktische Küchenhelfer

In einer großen Schüssel aus Porzellan oder Kunststoff lassen sich die Zutaten für alle Brotaufstriche gut vermengen. Sorgen Sie dafür, daß Ihre Messer immer scharf sind. Stumpfe Messer erfordern viel mehr Kraftaufwand. Ein Wetzstein leistet für das Schleifen der Messer gute Dienste. Mit einem Wiegemesser kann alles sehr klein und gleichmäßig geschnitten werden.

Ein guter elektrischer Mixer nimmt Ihnen das langwierige Zerkleinern und Pürieren ab. Vielleicht ist auch ein kleiner Fleischwolf in Ihrer Küche vorhanden. Rascher und einfacher zu reinigen ist jedoch ein elektrischer Zerkleinerer.

Für manche Aufstriche benötigen Sie ein gutes Haarsieb aus rostfreiem Edelstahl, um eine feinere Konsistenz zu erreichen.

Damit Sie Nüsse selbst mahlen können, sollten Sie sich eine Nußmühle oder eine kleine Mehrzweckmühle für Nüsse und Käse anschaffen. Zum Zerstoßen von Nüssen und Gewürzen ist auch ein Mörser mit Stößel sehr praktisch. Verschiedene Zutaten kann man darin gut miteinander vermengen. Porzellanmörser sind geeigneter als Holzmörser, da Holz den Geschmack der Zutaten leicht annimmt.

Ein elektrisches Rührgerät ist ein zeitsparender Helfer für alle Aufstriche, die cremig gerührt werden sollen.

Für Knoblauchfreunde lohnt es sich, eine Knoblauchpresse anzuschaffen. Der feine Knoblauchbrei, der beim Durchpressen entsteht, läßt sich in jedem Aufstrich besser verteilen als gehackter Knoblauch.

Zum Zerkleinern von rohem Gemüse ist eine gute Raspel unentbehrlich. Sie sollte aus rostfreiem Edelstahl sein. Auch eine kleine Reibe zum Abreiben von Zitronen- und Orangenschalen sowie Muskatnüssen leistet gute Dienste.

Eine nützliche Kleinigkeit ist ein Eipicker, damit die Eier beim Kochen nicht platzen – eine Stecknadel tut es aber auch.

Je eine Pfeffermühle für weißen und schwarzen Pfeffer sollte in Ihrer Küche nicht fehlen. Frisch gemahlener Pfeffer würzt viel intensiver.

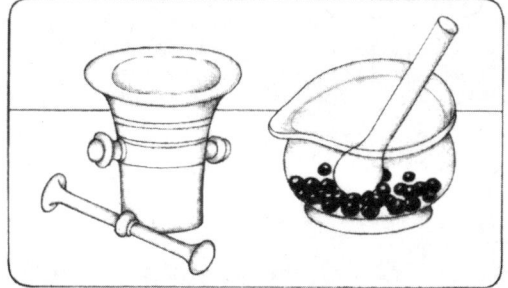

Im Mörser zerriebene Gewürze entfalten ihr Aroma besonders intensiv.

Von Joule/Kalorien und Mengen

Sie finden bei allen Rezepten Angaben über Joule-/Kalorienwerte.

Bei Aufstrichen – besonders bei den Buttermischungen – ist es schwierig, die Joule-/Kalorienwerte pro Person exakt anzugeben. Dem einen genügt ein einziges Brot, der andere schafft spielend drei dick bestrichene Scheiben. Ich habe daher die Joule-/Kalorienwerte bei den Buttermischungen insgesamt ausgerechnet. In den anderen Kapiteln finden Sie die Angaben immer pro Person. Doch bedenken Sie bitte, daß meist gerade die kalorienreichen Aufstriche wie die Buttermischungen dünner aufs Brot gestrichen werden als beispielsweise die kalorienarmen Quarkaufstriche. Die Mengenangaben sind daher Mittelwerte aus meiner Erfahrung. Wenn Ihr Appetit besonders groß ist, können Sie die Mengen problemlos vergrößern.

Alles in Butter

Butter ist eine ideale Grundlage für verschiedene Brotaufstriche. Sie sollte immer ganz frisch sein und Zimmertemperatur haben, damit sie sich gut verarbeiten läßt. Viele der folgenden delikaten Buttermischungen eignen sich nicht nur als pikante Aufstriche, sondern auch zur Verfeinerung von Grillgerichten, Suppen und Saucen. Aromatisierte Butter ist rasch zubereitet und kann auch auf Vorrat hergestellt werden. Im Kühlschrank hält sie sich etwa 1 Woche, tiefgefroren sogar bis zu 3 Monaten. Wenn Sie möchten, können Sie in allen Rezepten die Butter ganz oder teilweise durch eine gute Margarine ersetzen.

Haselnußbutter

50 g Haselnüsse · 125 g weiche Butter · 1 Spritzer Tabascosauce · Salz
Insgesamt etwa 5335 Joule/1270 Kalorien
7 g Eiweiß · 135 g Fett · 8 g Kohlenhydrate

● Zubereitungszeit: etwa 20 Minuten

So wird's gemacht: Die Haselnüsse in einer trockenen Pfanne bei mittlerer Hitze unter häufigem Rütteln kurz rösten. Sobald die Häute zu platzen beginnen, die Haselnüsse in ein Tuch geben und die braunen Häute so gut wie möglich abreiben. ● Die Haselnüsse im Mörser zerstoßen oder sehr fein mahlen, dann mit der Butter, der Tabascosauce und etwas Salz verrühren.

Paßt gut zu: Toastbrot oder geröstetem Stangenweißbrot

Variante: Walnußbutter
100 g weiche Butter mit 50 g im Mörser zerstoßenen oder sehr fein gemahlenen Walnüssen, 1 Teelöffel feingehackter Petersilie und etwas Salz verrühren.

Variante: Mandelbutter
100 g weiche Butter mit 50 g geschälten und im Mörser zerstoßenen oder feingemahlenen Mandeln, 1 Teelöffel Weinbrand und etwas Salz verrühren.

Variante: Pistazienbutter
100 g weiche Butter mit 50 g geschälten und feingehackten Pistazien, der abgeriebenen Schale von ½ unbehandelten Zitrone, 1 Prise frisch gemahlenem weißem Pfeffer und etwas Salz verrühren.

Roquefortbutter

100 g Roquefort · 1 Eßl. Rotwein · 100 g weiche Butter
Insgesamt etwa 4850 Joule/1155 Kalorien
24 g Eiweiß · 116 g Fett · 1 g Kohlenhydrate

● Zubereitungszeit: etwa 10 Minuten

So wird's gemacht: Den Roquefort mit einer Gabel so fein wie möglich zerdrücken und mit dem Rotwein verrühren. Die Butter gründlich untermischen und die Masse durch ein Sieb streichen.

Paßt gut zu: Stangenweißbrot oder Kräckern. Klassisch als Füllung für Birnenhälften.

> **Mein Tip** Dieser Aufstrich schmeckt auch mit Bavariablu, Danablue, Gorgonzola oder anderen Edelpilzkäsesorten delikat.

Sardinenbutter

80 g Ölsardinen ohne Haut und Gräten aus der Dose · 100 g weiche Butter · 1 Teel. Zitronensaft · Salz
Insgesamt etwa 4195 Joule/1000 Kalorien
17 g Eiweiß · 103 g Fett · 2 g Kohlenhydrate

● Zubereitungszeit: etwa 10 Minuten

<u>So wird's gemacht:</u> Die Sardinen abtropfen lassen, dann mit einer Gabel zerdrücken und durch ein Sieb streichen. ● Das Sardinenpüree mit der Butter gut vermengen und mit dem Zitronensaft und etwas Salz abschmecken.

<u>Paßt gut zu:</u> Vollkorn- oder Toastbrot

Variante: Feine Dorschleberbutter
120 g geräucherte Dorschleber aus der Dose mit einer Gabel fein zerdrücken und mit 60 g weicher Butter, 1 Eßlöffel feingehackter Petersilie und 1 Prise Salz verrühren.

Eigelbbutter

125 g weiche Butter · 1 Teel. Senf · 2 hartgekochte Eigelbe · ½ kleine Zwiebel · 1 Teel. Petersilie, frisch gehackt · Salz
Insgesamt etwa 4555 Joule/1085 Kalorien
7 g Eiweiß · 115 g Fett · 5 g Kohlenhydrate

● Zubereitungszeit: etwa 10 Minuten

<u>So wird's gemacht:</u> Die Butter mit dem Senf verrühren. Die Eigelbe durch ein Sieb streichen und dazugeben. Die Zwiebel schälen und sehr fein hacken. ● Alles gut miteinander vermengen. ● Die Eigelbbutter mit der Petersilie und etwas Salz würzen.

<u>Paßt gut zu:</u> Weizenvollkornbrot oder Pumpernickel

Variante: Senfbutter
125 g weiche Butter mit 1 hartgekochten, durch ein Sieb gestrichenen Eigelb, 1 Eßlöffel mittelscharfen Senf, 1 Teelöffel Zitronensaft und 1 Prise Salz verrühren.

Knoblauchbutter

1 Bund Petersilie · 3 Knoblauchzehen · 125 g weiche Butter · ½ Teel. Zitronensaft · Salz
Insgesamt etwa 4105 Joule/975 Kalorien
3 g Eiweiß · 104 g Fett · 7 g Kohlenhydrate

● Zubereitungszeit: etwa 10 Minuten

<u>So wird's gemacht:</u> Die Petersilie waschen, trockenschwenken, von den groben Stengeln befreien und feinhacken. Die Knoblauchzehen schälen und durch die Presse drücken. ● Die Petersilie und den Knoblauch gründlich mit der Butter vermischen. ● Die Knoblauchbutter mit dem Zitronensaft und etwas Salz abschmecken.

<u>Paßt gut zu:</u> geröstetem Schwarzbrot oder als Beilage zu Fisch, Steaks, Schnecken und grünen Bohnen.

Variante: Zwiebelbutter
125 g weiche Butter mit 1 kleinen feingehackten Zwiebel, reichlich frisch gemahlenem weißem Pfeffer und 1 Prise Salz verrühren.

Variante: Meerrettichbutter
125 g weiche Butter mit 2 Eßlöffeln frisch geriebenem Meerrettich, 1 Prise edelsüßem Paprikapulver und wenig Salz verrühren.

Alles in Butter

Kaviarbutter

Für diese exquisite Buttermischung können Sie Kaviar Ihrer Wahl oder auch Kaviarersatz verwenden. Am feinsten schmeckt sie mit echtem russischem Kaviar.

125 g weiche Butter · 1 Teel. Zitronensaft · 1 Prise weißer Pfeffer, frisch gemahlen · 50 g Kaviar
Insgesamt etwa 4510 Joule/1075 Kalorien
14 g Eiweiß · 112 g Fett · 3 g Kohlenhydrate

● Zubereitungszeit: etwa 5 Minuten

So wird's gemacht: Die Butter mit dem Zitronensaft und dem Pfeffer schaumig rühren. ● Den Kaviar vorsichtig unterheben. Dabei nur sehr vorsichtig rühren, sonst wird der Kaviar zerdrückt und die Butter verfärbt sich. ● Die Kaviarbutter gut gekühlt servieren.

Paßt gut zu: Toastbrot

> **Mein Tip** Kaviar sollte nicht mit Metall in Berührung kommen, da sonst sein Geschmack beeinträchtigt wird. Verwenden Sie daher zum Unterheben Holz- oder Kunststoffbesteck.

Quarkbutter

80 g Quark (20% Fett) · 1 Eßl. saure Sahne · 80 g weiche Butter · ½ kleine Zwiebel · 1 Teel. Schnittlauchröllchen · Salz
Insgesamt etwa 3025 Joule/720 Kalorien
11 g Eiweiß · 72 g Fett · 6 g Kohlenhydrate

● Zubereitungszeit: etwa 5 Minuten

So wird's gemacht: Den Quark mit der sauren Sahne glattrühren und gründlich mit der Butter vermengen. ● Die Zwiebel schälen, feinhacken und mit dem Schnittlauch und etwas Salz unter die Quarkbutter rühren.

Paßt gut zu: allen dunklen Brotsorten

Schinkenbutter

80 g magerer gekochter Schinken · ½ Zwiebel · 80 g weiche Butter · 1 Teel. Petersilie, frisch gehackt · Salz
Insgesamt etwa 3475 Joule/825 Kalorien
17 g Eiweiß · 83 g Fett · 3 g Kohlenhydrate

● Zubereitungszeit: etwa 10 Minuten

So wird's gemacht: Den Schinken sehr fein hacken. Die Zwiebelhälfte schälen und ebenfalls feinhacken. ● Die Butter mit dem Schinken und der Zwiebel verrühren und mit der Petersilie und etwas Salz würzen.

Paßt gut zu: Schwarzbrot

Variante: Zungenbutter
100 g gekochte geräucherte Rinderzunge sehr fein hacken und mit 60 g weicher Butter und je 1 Prise geriebener Muskatnuß und frisch gemahlenem schwarzem Pfeffer verrühren.

Avocado-Aufstrich schmeckt am besten aus wirklich ausgereiften Früchten. Er ist schnell zubereitet und schmeckt köstlich. Rezept Seite 36. ▷

Alles in Butter

Sardellenbutter

50 g Sardellenfilets aus der Dose · 125 g weiche Butter · 1 Prise Cayennepfeffer
Insgesamt etwa 4595 Joule/1095 Kalorien
11 g Eiweiß · 116 g Fett · 1 g Kohlenhydrate

- Ruhezeit: 30 Minuten
- Zubereitungszeit: etwa 10 Minuten

So wird's gemacht: Die Sardellenfilets kurz abspülen und 30 Minuten in kaltes Wasser legen. • Die Sardellenfilets trockentupfen, mit einer Gabel zerdrücken und durch ein Sieb streichen. Das Sardellenpüree gründlich mit der Butter vermengen und mit dem Cayennepfeffer abschmecken. • Im Kühlschrank hält sich die Sardellenbutter einige Tage.

Paßt gut zu: Toastbrot

Dillbutter

1 großes Bund Dill · 125 g weiche Butter · einige Tropfen Zitronensaft · weißer Pfeffer, frisch gemahlen · Salz
Insgesamt etwa 4035 Joule/960 Kalorien
2 g Eiweiß · 104 g Fett · 4 g Kohlenhydrate

- Zubereitungszeit: etwa 5 Minuten

So wird's gemacht: Den Dill waschen, trockenschwenken, von den groben Stengeln befreien und feinhacken. • Die Butter mit dem Dill vermischen und mit dem Zitronensaft, Pfeffer und Salz abschmecken.

Paßt gut zu: allen Broten, die mit Fisch belegt werden. Oder als Beilage zu kalten und warmen Fischgerichten.

Schabzigerbutter

Schabziger ist ein pikanter Kräuterkäse aus dem Schweizer Kanton Glarus, den Sie in gut sortierten Lebensmittelgeschäften kaufen können.

1 Schabzigerstöckli (100 g) · 50 g weiche Butter · 2 Eßl. Sahne
Insgesamt etwa 3425 Joule/815 Kalorien
36 g Eiweiß · 72 g Fett · 1 g Kohlenhydrate

- Zubereitungszeit: etwa 5 Minuten

So wird's gemacht: Den Schabziger feinreiben und mit der Butter und der Sahne gut verrühren.

Paßt gut zu: Weißbrot

Kräuterbutter

50 g gemischte frische Kräuter (zum Beispiel Schnittlauch, Petersilie, Kresse, Estragon und Kerbel) · 1 Knoblauchzehe · 125 g weiche Butter · 1 Teel. Zitronensaft · Salz · schwarzer Pfeffer, frisch gemahlen
Insgesamt etwa 4110 Joule/980 Kalorien
3 g Eiweiß · 104 g Fett · 7 g Kohlenhydrate

- Zubereitungszeit: etwa 10 Minuten

◁ Obatzter ist eine Spezialität aus Süddeutschland, die alle Freunde deftiger Hauskannskost begeistern wird. Rezept Seite 25.

Alles in Butter

So wird's gemacht: Die Kräuter waschen, trockenschleudern, gegebenenfalls von den groben Stengeln befreien und feinhacken. Die Knoblauchzehe schälen und durch die Presse drücken. • Die Butter mit den Kräutern und dem Knoblauch vermengen und mit dem Zitronensaft, Salz und Pfeffer abschmecken.

Paßt gut zu: Weißbrot. Köstlich auch zu neuen Kartoffeln, Grillgerichten oder klassisch als Füllung für Schnecken.

In einer Kräutermühle kann man Kräuter auf zeitsparende Weise sehr fein zerkleinern.

Currybutter

125 g weiche Butter · 1 Eßl. Currypulver · Salz
Insgesamt etwa 3960 Joule/945 Kalorien
1 g Eiweiß · 104 g Fett · 1 g Kohlenhydrate

• Zubereitungszeit: etwa 5 Minuten

So wird's gemacht: Die Butter mit dem Currypulver verrühren und mit etwas Salz abschmecken.

Paßt gut zu: Broten, mit Eischeiben belegt. Oder als Beilage zu Fisch- und Reisgerichten.

Variante: Pfefferbutter
1 Eßlöffel eingelegten grünen Pfeffer aus dem Glas fein zerdrücken und mit 125 g weicher Butter, 1 Eßlöffel Zitronensaft und der abgeriebenen Schale von ½ unbehandelten Zitrone verrühren.

Variante: Paprikabutter
125 g weiche Butter mit 2 Eßlöffeln edelsüßem Paprikapulver und 1 Prise Salz verrühren.

Käsebutter

50 g Emmentaler- oder anderer Hartkäse · 100 g weiche Butter · Salz · weißer Pfeffer, frisch gemahlen
Insgesamt etwa 4005 Joule/955 Kalorien
14 g Eiweiß · 98 g Fett · 1 g Kohlenhydrate

• Zubereitungszeit: etwa 5 Minuten

So wird's gemacht: Den Emmentaler Käse feinreiben und mit der Butter verrühren. • Die Käsebutter mit Salz und Pfeffer pikant abschmecken.

Paßt gut zu: Toastbrot

Variante: Käse-Walnuß-Butter
100 g weiche Butter mit 25 g feingeriebenem Emmentaler- oder anderem Hartkäse, 25 g feingehackten Walnüssen, frisch gemahlenem weißem Pfeffer und Salz verrühren.

Lachsbutter

60 g Räucherlachs oder Lachsersatz · 100 g Butter · 1 Teel. Dill, frisch gehackt · schwarzer Pfeffer, frisch gemahlen
Insgesamt etwa 3560 Joule/855 Kalorien
14 g Eiweiß · 89 g Fett · 1 g Kohlenhydrate

- Zubereitungszeit: etwa 5 Minuten

So wird's gemacht: Den Räucherlachs mit einer Gabel sehr fein zerpflücken und mit der Butter vermischen. • Die Lachsbutter mit dem Dill und etwas Pfeffer pikant abschmecken.

Paßt gut zu: Toast- oder Weißbrot

Variante: Bücklingsbutter
100 g geräuchertes Bücklingsfilet fein zerpflükken und mit 60 g weicher Butter, 1 Teelöffel Zitronensaft und frisch gemahlenem schwarzem Pfeffer verrühren.

Tomatenbutter

125 g weiche Butter · 2 Eßl. Tomatenmark · 1 Teel. Paprikapulver edelsüß · 1 Prise Zucker · Salz
Insgesamt etwa 4070 Joule/970 Kalorien
2 g Eiweiß · 104 g Fett · 8 g Kohlenhydrate

- Zubereitungszeit: etwa 5 Minuten

So wird's gemacht: Die Butter mit dem Tomatenmark in einer Schüssel gut verrühren • Die Tomatenbutter mit dem Paprikapulver, dem Zucker und etwas Salz abschmecken.

Paßt gut zu: Knäckebrot

Variante: Olivenbutter
125 g weiche Butter mit 50 g entsteinten, feingehackten schwarzen Oliven, etwas frisch gemahlenem schwarzem Pfeffer und 1 Spritzer Zitronensaft verrühren.

Basilikumbutter

1 Bund frisches Basilikum · 30 g Pinienkerne · 125 g weiche Butter · weißer Pfeffer, frisch gemahlen · Salz
Insgesamt etwa 4810 Joule/1145 Kalorien
5 g Eiweiß · 122 g Fett · 7 g Kohlenhydrate

- Zubereitungszeit: etwa 10 Minuten

So wird's gemacht: Das Basilikum waschen, trockenschwenken, von den Stengeln befreien und feinhacken. • Die Pinienkerne in einer trokkenen Pfanne unter Rühren goldgelb anrösten und danach ebenfalls feinhacken. • Die Butter mit dem Basilikum und den Pinienkernen in einer Schüssel gut verrühren. • Die Basilikumbutter mit Pfeffer und Salz abschmecken.

Paßt gut zu: Vollkorntoastbrot. Delikat auch zu Pellkartoffeln oder Nudelgerichten.

Pilzbutter

50 g frische Champignons · 125 g weiche Butter · 1 Eßl. Petersilie, frisch gehackt · Salz · schwarzer Pfeffer, frisch gemahlen
Insgesamt etwa 4015 Joule/955 Kalorien
2 g Eiweiß · 104 g Fett · 3 g Kohlenhydrate

- Zubereitungszeit: etwa 5 Minuten

So wird's gemacht: Die Champignons putzen, wenn nötig kurz waschen, und feinhacken. Die Pilze mit der Butter in einer Schüssel gut vermengen. • Die Pilzbutter mit der Petersilie, Salz und Pfeffer pikant abschmecken. Die Buttermischung möglichst bald servieren.

Paßt gut zu: Toastbrot

Käse – gesund und pikant

Käse ist besonders reich an Eiweiß, Mineralstoffen und Vitaminen und läßt sich sehr vielfältig zubereiten.

Für selbstgemachte Brotaufstriche eignen sich Frischkäsearten wie Quark oder Doppelrahm-Frischkäse besonders gut. Quark sollten Sie immer im Kühlschrank aufbewahren und möglichst frisch verwenden; je länger er lagert, desto säuerlicher wird er.

Ob Sie Magerquark, Sahnequark oder eine dazwischenliegende Fettstufe bevorzugen, ist eine Frage Ihres persönlichen Geschmacks und Kalorienzettels.

Vor dem Würzen sollten Sie Quark, vor allem den weniger glatten Magerquark, mit etwas Joghurt, Milch, saurer Sahne, Crème fraîche oder Sahne auflockern.

Quarkmischungen sollten Sie nach Möglichkeit frisch zubereiten. Wenn Sie den fertigen Aufstrich dennoch für kurze Zeit – zugedeckt im Kühlschrank – lagern möchten, sollten Sie ihn vor dem Servieren noch einmal kräftig durchrühren, damit er wieder schön glatt wird.

Tomatenquark

2 kleine Tomaten (etwa 150 g) · 1 kleine Zwiebel · ½ Bund Petersilie · 250 g Quark (20% Fett) · 2 Eßl. saure Sahne · 1 Prise Zucker · schwarzer Pfeffer, frisch gemahlen · Salz
Pro Portion etwa 425 Joule/100 Kalorien
9 g Eiweiß · 4 g Fett · 6 g Kohlenhydrate

● Zubereitungszeit: etwa 15 Minuten

So wird's gemacht: Die Tomaten waschen und kleinwürfeln. Dabei die Stielansätze entfernen. Die Zwiebel schälen und feinhacken. Die Petersilie waschen, trockenschleudern, von den groben Stengeln befreien und feinhacken. ● Den Quark mit der sauren Sahne, den Tomaten, der Zwiebel und der Petersilie glattrühren und mit dem Zucker, Pfeffer und Salz abschmecken.

Paßt gut zu: Bauern- oder Knäckebrot und Pumpernickel

Varianten: Die Tomaten können Sie durch je 1 kleine rote und grüne Paprikaschote ersetzen. Dazu die Paprikaschoten waschen, von den Stielansätzen, Kernen und weißen Rippen befreien und kleinwürfeln. Wie den Tomatenquark zubereiten, jedoch den Zucker weglassen. Oder Sie nehmen zur Abwechslung einmal 1 Tomate und 1 grüne Paprikaschote.

Knoblauchquark

2 Knoblauchzehen · ½ Bund Petersilie · 250 g Quark (20% Fett) · 2 Eßl. Sahne · Salz · weißer Pfeffer, frisch gemahlen
Pro Portion etwa 370 Joule/90 Kalorien
8 g Eiweiß · 4 g Fett · 4 g Kohlenhydrate

● Zubereitungszeit: etwa 10 Minuten

So wird's gemacht: Die Knoblauchzehen schälen und durch die Presse drücken. Die Petersilie waschen, trockenschleudern, von den groben Stengeln befreien und feinhacken. ● Den Quark mit der Sahne cremig rühren und mit dem Knoblauch und der Petersilie vermengen. ● Den Knoblauchquark mit Salz und Pfeffer abschmecken.

Paßt gut zu: Misch- oder Roggenbrot

Käse – gesund und pikant

Schinkenquark

100 g magerer gekochter Schinken · 200 g Quark (20% Fett) · 2 Eßl. saure Sahne · weißer Pfeffer, frisch gemahlen · Salz
Pro Portion etwa 565 Joule/135 Kalorien
11 g Eiweiß · 9 g Fett · 2 g Kohlenhydrate

• Zubereitungszeit: etwa 5 Minuten

So wird's gemacht: Den Schinken feinhacken. • Den Quark mit der sauren Sahne glattrühren und mit dem Schinken vermengen. • Den Schinkenquark mit Pfeffer und Salz abschmecken.

Paßt gut zu: Schwarzbrot

Radieschenquark

1 Bund Radieschen · 1 Bund Schnittlauch · 250 g Quark (20% Fett) · 2 Eßl. Crème fraîche · Salz · weißer Pfeffer, frisch gemahlen
Pro Portion etwa 365 Joule/85 Kalorien
8 g Eiweiß · 4 g Fett · 3 g Kohlenhydrate

• Zubereitungszeit: etwa 10 Minuten

So wird's gemacht: Die Radieschen gründlich waschen, trockentupfen und feinhacken. Den Schnittlauch ebenfalls waschen, trockenschwenken und in feine Röllchen schneiden. • Den Quark mit der Crème fraîche glattrühren und mit den Radieschen und dem Schnittlauch vermischen. • Den Radieschenquark mit Salz und Pfeffer würzen und sofort servieren, da die Radieschen sonst zuviel Flüssigkeit abgeben.

Paßt gut zu: Vollkorn- oder Knäckebrot

Wiener Heurigenaufstrich

Bild Seite 19

Wiener Heurigenlokale bieten meist ein reichhaltiges Büffet, darunter viele pikante Brotaufstriche, an. Mir schmeckt dieser Aufstrich besonders gut.

2 Eier · 1 kleine grüne Paprikaschote · 2 Sardellenfilets aus der Dose · 1 kleine Gewürzgurke · ½ Zwiebel · 50 g weiche Butter · 1 Teel. Pflanzenöl · 1 Teel. Senf · 150 g Quark (20% Fett) · 1 Eßl. Petersilie, frisch gehackt · 1 Teel. Paprikapulver edelsüß
Pro Portion etwa 995 Joule/235 Kalorien
12 g Eiweiß · 19 g Fett · 4 g Kohlenhydrate

• Zubereitungszeit: etwa 25 Minuten

So wird's gemacht: Die Eier in 10 Minuten hart kochen und danach kalt abschrecken. • Inzwischen die Paprikaschote waschen, vom Stielansatz, den Kernen und weißen Rippen befreien und feinhacken. Die Sardellenfilets kalt abspülen, trockentupfen, durch ein Sieb streichen. Die Gewürzgurke sehr fein hacken. Die Zwiebel schälen und ebenfalls sehr fein hacken. • Die Eier schälen, die Eiweiße abtrennen und feinhacken. Die Eigelbe durch ein Sieb streichen. • Die Butter mit dem Öl, dem Senf und dem Quark gründlich verrühren. Die Paprikaschote, das Sardellenpüree, die Gewürzgurke, die Zwiebel, die Eier und die Petersilie untermischen. • Den Heurigenaufstrich auf einem Teller anrichten und mit dem Paprikapulver bestäuben.

Paßt gut zu: kräftigem Bauernbrot und Vollkornbrot. Als Getränk schmeckt am besten ein »Heuriger«, das ist der junge Wein von Martini (11. November) bis zum nächsten Weinjahrgang.

Käse – gesund und pikant

Liptauer

Brimsen ist ein quarkähnlicher Schafkäse aus der Tschechoslowakei, der manchmal in gutsortierten Lebensmittelläden erhältlich ist. Wenn Sie keinen Brimsen bekommen können, ersetzen Sie ihn einfach durch Quark.

1 Zwiebel · 1 Teel. Kapern · 1 Sardellenfilet aus der Dose · 150 g Brimsen · 150 g Quark (20% Fett) · etwa 125 g saure Sahne · 2 Teel. Paprikapulver edelsüß · eventuell Salz
Pro Portion etwa 755 Joule/180 Kalorien
11 g Eiweiß · 11 g Fett · 4 g Kohlenhydrate

● Zubereitungszeit: etwa 10 Minuten

So wird's gemacht: Die Zwiebel schälen und feinhacken. Die Kapern und das Sardellenfilet abtropfen lassen und ebenfalls feinhacken. ● Den Brimsen zerdrücken und mit dem Quark vermischen. Die Zwiebel, die Kapern und die Sardellen untermengen. So viel saure Sahne unterrühren, bis eine gut streichfähige Masse entsteht. ● Den Liptauer mit dem Paprikapulver und eventuell etwas Salz würzen.

Paßt gut zu: Bauernbrot

Liptauer garniert

1 kleine Zwiebel · 1 Bund Schnittlauch ·
1 Teel. Kapern · 1 Sardellenfilet aus der Dose ·
200 g Quark (20% Fett) · 100 g weiche Butter ·
1 Teel. Senf · 1 Eßl. Paprikapulver edelsüß ·
½ Teel. gemahlener Kümmel · Salz
Zum Garnieren: einige Kapern · Paprikapulver edelsüß
Pro Portion etwa 1070 Joule/255 Kalorien
7 g Eiweiß · 23 g Fett · 3 g Kohlenhydrate

● Zubereitungszeit: etwa 15 Minuten

So wird's gemacht: Die Zwiebel schälen und feinhacken. Den Schnittlauch waschen, trockenschwenken und feinschneiden. Die Kapern und das Sardellenfilet abtropfen lassen und feinhakken. ● Den Quark mit der Butter und dem Senf verrühren. Die Zwiebel, den Schnittlauch, die Kapern und das gehackte Sardellenfilet untermischen. ● Den Liptauer mit dem Paprikapulver, dem Kümmel und etwas Salz würzen und auf einem Glasteller pyramidenförmig anrichten. Die Kapern in regelmäßigen Abständen dekorativ hineindrücken. Den Liptauer mit Paprikapulver bestäuben.

Paßt gut zu: Vollkorn- und Schrotbrot oder Pumpernickel

> **Mein Tip** Dieser pikante Aufstrich schmeckt noch besser, wenn Sie ihn 2–3 Stunden im Kühlschrank durchziehen lassen.

Käsequark

80 g Emmentaler- oder anderer Hartkäse ·
200 g Quark (20% Fett) · 3 Eßl. saure Sahne ·
weißer Pfeffer, frisch gemahlen · Salz
Pro Portion etwa 645 Joule/155 Kalorien
12 g Eiweiß · 10 g Fett · 2 g Kohlenhydrate

● Zubereitungszeit: etwa 5 Minuten

So wird's gemacht: Den Emmentaler Käse feinreiben. ● Den Quark mit der sauren Sahne und dem Käse verrühren und mit Pfeffer und Salz abschmecken.

Käse – gesund und pikant

Curryquark

2 hartgekochte Eigelbe · 250 g Quark (20% Fett) · 3 Eßl. Sahne · 2 Teel. Currypulver · 1 Prise Salz
Pro Portion etwa 495 Joule/120 Kalorien
10 g Eiweiß · 7 g Fett · 3 g Kohlenhydrate

● Zubereitungszeit: etwa 5 Minuten

So wird's gemacht: Die Eigelbe durch ein Sieb streichen und mit dem Quark und der Sahne verrühren. ● Den Quark mit dem Currypulver und dem Salz würzen.

Paßt gut zu: Schwarzbrot

Variante: Kümmelquark
250 g Quark mit 2 Eßlöffeln Crème fraîche, 2 Teelöffeln Kümmelkörnern und 1 Prise Salz verrühren.

Variante: Paprikaquark
250 g Quark mit 2 Eßlöffeln Magerjoghurt, 1 Eßlöffel edelsüßem Paprikapulver und 1 Prise Salz cremig rühren.

Deftiger Heringsquark

2 Matjesfilets · ½ säuerlicher Apfel · ½ Zwiebel · 150 g Quark (20% Fett) · 1 Eßl. saure Sahne · 2 Eßl. Petersilie, frisch gehackt
Pro Portion etwa 660 Joule/155 Kalorien
11 g Eiweiß · 10 g Fett · 5 g Kohlenhydrate

● Ruhezeit: eventuell 1 Stunde
● Zubereitungszeit: etwa 15 Minuten

So wird's gemacht: Die Matjesfilets – falls sie sehr salzig sind – 1 Stunde wässern. ● Die Matjesfilets dann abtropfen lassen und feinhacken.

Die Apfelhälfte schälen, vom Kerngehäuse befreien und feinraspeln. Die Zwiebel schälen und feinhacken. ● Den Quark mit der Sahne cremig rühren und mit den Matjesfilets, dem Apfel und der Zwiebel gut vermengen. ● Den Heringsquark mit der Petersilie bestreut servieren.

Paßt gut zu: Vollkornbrot oder Pumpernickel

Zwiebelquark

1 kleine Zwiebel · 250 g Quark (20% Fett) · 2 Eßl. saure Sahne · Salz
Pro Portion etwa 375 Joule/90 Kalorien
8 g Eiweiß · 4 g Fett · 4 g Kohlenhydrate

● Zubereitungszeit: etwa 5 Minuten

So wird's gemacht: Die Zwiebel schälen, feinhacken und mit dem Quark und der sauren Sahne verrühren. ● Den Zwiebelquark mit etwas Salz abschmecken.

Paßt gut zu: kräftigem Landbrot

Variante: Pikanter Apfelquark
1 säuerlichen Apfel waschen, schälen, halbieren, vom Kerngehäuse befreien und feinraspeln. Mit 250 g Quark, ½ feingehackten Zwiebel und etwas Salz verrühren.

Variante: Rettichquark
½ Rettich waschen, eventuell schälen und feinreiben. Mit 250 g Quark, 2 Eßlöffeln saurer Sahne und etwas Salz verrühren.

Käse – gesund und pikant

Kräuterquark

Bild 2. Umschlagseite

Kräuterquark ist wegen seines Gehalts an Vitaminen und Mineralstoffen besonders wertvoll.

1 kleine Zwiebel · 50 g gemischte frische Kräuter (zum Beispiel Schnittlauch, Petersilie, Dill, Kresse, Kerbel, Borretsch und Zitronenmelisse) · 250 g Quark (20% Fett) · 2 Eßl. saure Sahne · Salz · schwarzer Pfeffer, frisch gemahlen · eventuell 1 Knoblauchzehe
Pro Portion etwa 405 Joule/95 Kalorien
9 g Eiweiß · 4 g Fett · 5 g Kohlenhydrate

- Zubereitungszeit: etwa 10 Minuten

<u>So wird's gemacht:</u> Die Zwiebel schälen und feinhacken. Die Kräuter waschen, trockenschleudern, gegebenenfalls von den groben Stengeln befreien, und ebenfalls feinhacken. • Den Quark mit der sauren Sahne, der Zwiebel und den Kräutern glattrühren und mit Salz und Pfeffer abschmecken. • Nach Wunsch die Knoblauchzehe schälen, durch die Presse drücken und untermischen.

<u>Paßt gut zu:</u> Vollkornbrot und Pumpernickel, aber auch als Beilage zu Pellkartoffeln.

Varianten: Sie können diese Quarkmischung auch mit nur einem Kraut zubereiten. Oder Sie verwenden Wildkräuter wie zum Beispiel Löwenzahn, Sauerampfer oder Wegerich.

Mein Tip Benutzen Sie zum Kräuterhacken nach Möglichkeit ein Kunststoff- oder Porzellanbrett, da Holzbretter den wertvollen Kräutersaft aufsaugen.

Waldviertler Topfenkas

Das Waldviertel in Niederösterreich ist für seine zahlreichen Kartoffelgerichte bekannt. Der Topfenkas, auf hochdeutsch »Quarkkäse«, wird dick aufs Brot gestrichen.

2 Kartoffeln (etwa 120 g) · 200 g Quark (20% Fett) · 50 g Butter · 2 Eßl. Paprikapulver edelsüß · 1 Knoblauchzehe · Salz · eventuell 1–2 Eßl. Sahne oder Milch
Pro Portion etwa 760 Joule/180 Kalorien
7 g Eiweiß · 14 g Fett · 7 g Kohlenhydrate

- Garzeit ohne Abkühlzeit: 25 Minuten
- Zubereitungszeit: 10 Minuten

<u>So wird's gemacht:</u> Die Kartoffeln waschen und ungeschält in kochendem Wasser in etwa 25 Minuten garen. • Inzwischen den Quark mit der Butter und dem Paprikapulver verrühren. Die Knoblauchzehe schälen, durch die Presse drücken und untermischen. • Die Kartoffeln auskühlen lassen, schälen, feinreiben, mit der Quark-Buttermischung vermengen und mit Salz abschmecken. • Sollte der Topfenkas zu fest sein, die Sahne oder die Milch unterrühren.

<u>Paßt gut zu:</u> kräftigem Bauernbrot

Den Wiener Heurigenaufstrich gibt es in der Gegend ▷ von Wien in vielen Weinlokalen. Er ist jedoch auch ganz einfach selbst zuzubereiten. Rezept Seite 15.

Käse – gesund und pikant

Leinölquark

Bei der Verwendung von Leinöl gibt es nur zwei Möglichkeiten – entweder man schätzt es sehr oder man lehnt es völlig ab. Probieren Sie es vielleicht erst einmal mit einer kleineren Menge aus. Leinöl bekommen Sie im Reformhaus.

250 g Quark (20% Fett) · 3 Eßl. Leinöl · 1 Teel. gemahlener Kümmel · Salz
Pro Portion etwa 530 Joule/125 Kalorien
8 g Eiweiß · 9 g Fett · 2 g Kohlenhydrate

● Zubereitungszeit: etwa 5 Minuten

So wird's gemacht: Den Quark mit dem Leinöl glattrühren. ● Den Leinölquark mit dem Kümmel und etwas Salz würzen.

Paßt gut zu: Grahambrot, aber auch zu Pellkartoffeln

Selleriequark

1 Stück Knollensellerie (50 g) · 1 säuerlicher Apfel · 250 g Quark (20% Fett) · 2 Eßl. saure Sahne · 1 Teel. Zitronensaft · Salz · 2 Eßl. Walnüsse, feingehackt
Pro Portion etwa 720 Joule/170 Kalorien
10 g Eiweiß · 10 g Fett · 10 g Kohlenhydrate

● Zubereitungszeit: etwa 10 Minuten

So wird's gemacht: Den Sellerie schälen und feinraspeln. Den Apfel ebenfalls schälen, vierteln, vom Kerngehäuse befreien und feinraspeln. ● Den Quark mit der sauren Sahne, dem Sellerie und dem Apfel verrühren und mit dem Zitronensaft und Salz abschmecken. ● Den Selleriequark mit den Walnüssen bestreut servieren.

Paßt gut zu: Vollkornbrot

Variante: Meerrettichquark
Nehmen Sie statt dem Sellerie 1 Eßlöffel frisch geriebenen Meerrettich und ersetzen Sie die Walnüsse durch Petersilie.

Basilikum-Oliven-Käse

Bild nebenstehend

200 g Doppelrahm-Frischkäse · 1 Eßl. saure Sahne · 1 Bund frisches Basilikum · 150 g schwarze Oliven · 1 Knoblauchzehe · Salz · schwarzer Pfeffer, frisch gemahlen
Pro Portion etwa 1305 Joule/310 Kalorien
7 g Eiweiß · 30 g Fett · 3 g Kohlenhydrate

● Zubereitungszeit: etwa 10 Minuten

So wird's gemacht: Den Frischkäse mit der sauren Sahne verrühren. ● Das Basilikum waschen, trockenschwenken, von den Stengeln befreien, feinhacken und unterrühren. Die Oliven abtropfen lassen, entsteinen, feinhacken und dazumengen. Die Knoblauchzehe schälen, durch die Presse drücken und ebenfalls untermischen. ● Den Aufstrich mit Salz und Pfeffer pikant abschmecken.

Paßt gut zu: Stangenweißbrot

◁ Der Basilikum-Oliven-Käse ist ein erfrischender Brotaufstrich, den Sie auch mit anderen Kräutern zubereiten können. Rezept auf dieser Seite.

Käse – gesund und pikant

Brotaufstrich nach Znaimer Art

Aus der Stadt Znaim (tschechisch Znojmo) kommen besonders pikante Gewürzgurken. Aber auch mit anderen Gurken schmeckt dieser Quarkaufstrich delikat.

2 Gewürzgurken · 250 g Quark (20% Fett) · 1 Eßl. Sahne · 1 Teel. Paprikapulver edelsüß · Salz · schwarzer Pfeffer, frisch gemahlen
Pro Portion etwa 340 Joule/80 Kalorien
8 g Eiweiß · 4 g Fett · 3 g Kohlenhydrate

● Zubereitungszeit: etwa 5 Minuten

So wird's gemacht: Die Gewürzgurken feinhakken. ● Den Quark mit der Sahne und den Gewürzgurken glattrühren und mit dem Paprikapulver, Salz und Pfeffer würzen.

Paßt gut zu: deftigem Landbrot

Bierkäse

Ein deftiger Aufstrich, der nicht nur nach Käse schmeckt, sondern auch intensiv danach riecht.

250 g Harzer Käse · 100 g weiche Butter · 5 Eßl. saure Sahne · 1 kleine Zwiebel · ½ Bund Schnittlauch · etwa 4 Eßl. helles Bier · 1 Teel. Paprikapulver edelsüß · Kümmel · Salz
Pro Portion etwa 1295 Joule/310 Kalorien
19 g Eiweiß · 24 g Fett · 2 g Kohlenhydrate

● Zubereitungszeit: etwa 10 Minuten

So wird's gemacht: Den Harzer Käse mit einer stabilen Gabel zerdrücken und mit der Butter und der Sahne – am besten mit dem Handrührgerät – gründlich vermengen. ● Die Zwiebel schälen, feinhacken und hinzufügen. Den Schnittlauch waschen, trockenschwenken, feinschneiden und unter die Käsemischung rühren. Tropfenweise so viel helles Bier dazugeben, bis eine gut streichfähige Masse entsteht. ● Den Bierkäse mit dem Paprikapulver, Kümmel und Salz würzen.

Paßt gut zu: Vollkornbrot. Als Getränk Pils, Altbier oder saure Milch.

Mascarponeaufstrich aus Triest

Sie kennen vielleicht das beliebte italienische Dessert »Tirami su«. Dafür und für viele andere italienische Süßspeisen wird der Frischkäse Mascarpone verwendet. Eines der wenigen pikanten Mascarponerezepte möchte ich Ihnen hier vorstellen.

80 g Gorgonzola · 150 g Mascarpone, ersatzweise Doppelrahm-Frischkäse · 1 Teel. Senf
Pro Portion etwa 875 Joule/210 Kalorien
9 g Eiweiß · 18 g Fett · 0 g Kohlenhydrate

● Zubereitungszeit: etwa 10 Minuten

So wird's gemacht: Den Gorgonzola mit einer Gabel in einer Schüssel so fein wie möglich zerdrücken. ● Den Gorgonzola mit dem Mascarpone und dem Senf verrühren und alles zusammen durch ein Sieb streichen.

Paßt gut zu: Toast- oder Weißbrot

Käse – gesund und pikant

Bulgarischer Käseaufstrich

150 g bulgarischer Schafkäse · 2 Eßl. Joghurt · 100 g weiche Butter · 1 Zwiebel · ½ Bund Basilikum · 2 Knoblauchzehen · weißer Pfeffer, frisch gemahlen
Pro Portion etwa 1140 Joule/270 Kalorien
4 g Eiweiß · 23 g Fett · 3 g Kohlenhydrate

● Zubereitungszeit: etwa 10 Minuten

So wird's gemacht: Den Schafkäse durch ein Sieb in eine Schüssel streichen und mit dem Joghurt und der Butter cremig rühren. • Die Zwiebel schälen und feinhacken. Das Basilikum unter fließendem kaltem Wasser abspülen und trockenschwenken. Die Basilikumblätter von den Stielen zupfen und ebenfalls feinhacken. • Die Knoblauchzehen schälen und durch die Presse drücken. Die Zwiebel, das Basilikum und den Knoblauch unter die Käsemischung rühren. • Den Aufstrich mit Pfeffer abschmecken.

Paßt gut zu: Vollkornbrot

Romadurquark

100 g weicher Romadur oder Limburger Käse · 100 g Quark (20% Fett) · 30 g weiche Butter · 1 kleine Zwiebel · ½ Teel. gemahlener Kümmel · Salz · 2 Eßl. Schnittlauchröllchen
Pro Portion etwa 615 Joule/145 Kalorien
9 g Eiweiß · 11 g Fett · 2 g Kohlenhydrate

● Zubereitungszeit: etwa 10 Minuten

So wird's gemacht: Von dem Romadur die äußere Schicht entfernen und den Käse in einer Schüssel mit einer Gabel zerdrücken. Mit dem Quark und der Butter verrühren. • Die Zwiebel schälen, feinhacken und untermengen. • Den Romadurquark mit dem Kümmel und etwas Salz abschmecken und mit dem Schnittlauch bestreut servieren.

Paßt gut zu: deftigem Landbrot

Variante: Weißlackerquark
150 g Quark mit 30 g weicher Butter, 100 g feingewürfeltem oder zerdrücktem Weißlacker Käse, 1 Eßlöffel Schnittlauchröllchen, frisch gemahlenem weißem Pfeffer und 1 Prise Salz gut vermengen.

Blauschimmelkäse wird vor der Weiterverarbeitung mit einer stabilen Gabel zerdrückt.

Variante: Roquefortquark
50 g weiche Butter mit 80 g zerdrücktem Roquefort oder anderem Blauschimmelkäse, 150 g Quark und 1 Eßlöffel Rotwein cremig rühren.

Pinienkern-Frischkäse mit Kresse

1 Kästchen Kresse · 80 g Pinienkerne, ersatzweise geschälte Mandeln · 180 g Doppelrahm-Frischkäse · 1 Eßl. Sahne · 1 Teel. Zitronensaft · Salz · weißer Pfeffer, frisch gemahlen
Pro Portion etwa 1260 Joule/300 Kalorien
8 g Eiweiß · 27 g Fett · 5 g Kohlenhydrate

● Zubereitungszeit: etwa 15 Minuten

So wird's gemacht: Die Kresse mit einer Schere abschneiden, waschen, trockenschwenken und feinhacken. Die Pinienkerne oder die Mandeln

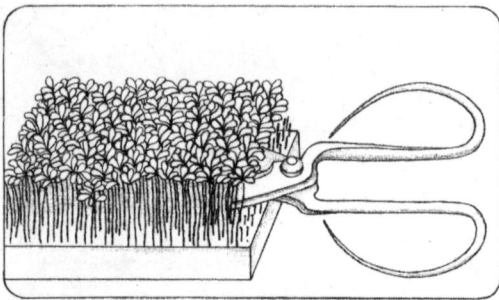

Die Kresse mit einer Küchenschere vom Beet schneiden, dann in einem Sieb kalt abspülen.

in einer trockenen Pfanne bei mittlerer Hitze unter Rühren goldgelb anrösten. Die Hälfte der Pinienkerne feinmahlen, die restlichen grobhacken. ● Den Frischkäse mit der Sahne, den gemahlenen Pinienkernen und der Kresse verrühren. Den Aufstrich mit dem Zitronensaft, Salz und Pfeffer pikant abschmecken. ● Die gehackten Pinienkerne darüberstreuen oder die bestrichenen Brote damit garnieren.

Paßt gut zu: Schwarzbrot

Gorgonzolacreme

100 g Gorgonzola · 125 g Doppelrahm-Frischkäse · 1 Eßl. Sahne · 1 Eßl. Weinbrand · ½ Bund Petersilie · Salz · weißer Pfeffer, frisch gemahlen
Pro Portion etwa 915 Joule/220 Kalorien
10 g Eiweiß · 19 g Fett · 0 g Kohlenhydrate

● Zubereitungszeit: etwa 10 Minuten

So wird's gemacht: Den Gorgonzola in einer Schüssel mit einer Gabel so fein wie möglich zerdrücken. ● Den Käse mit dem Doppelrahm-Frischkäse, der Sahne und dem Weinbrand glattrühren. ● Die Petersilie waschen, trockenschwenken, von den groben Stengeln befreien, feinhacken und unterrühren. ● Die Gorgonzolacreme mit Salz und Pfeffer würzen.

Paßt gut zu: Weißbrot, Vollkorntoast oder natürlich auch Kräckern

Ungarischer Käseaufstrich

Der Liptauer Käse, der für dieses Rezept benötigt wird, ist nach der ungarischen Region Liptó benannt. Wenn dieser nicht erhältlich ist, können Sie einen anderen milden Schafkäse oder Rahmfrischkäse verwenden.

200 g Liptauer Käse · 80 g weiche Butter · 1 Teel. Senf · 1 Eßl. Paprikapulver edelsüß · 1 kleine rote Paprikaschote · 1 Bund Schnittlauch · eventuell 1–2 Eßl. saure Sahne
Zum Garnieren: Paprikaschotenstreifen · Radieschenscheiben
Pro Portion etwa 1410 Joule/335 Kalorien
6 g Eiweiß · 33 g Fett · 2 g Kohlenhydrate

● Zubereitungszeit: etwa 15 Minuten

Käse – gesund und pikant

So wird's gemacht: Den Liptauer Käse mit der Butter, dem Senf und dem Paprikapulver verrühren. • Die Paprikaschote waschen, vom Stielansatz, den Kernen und weißen Rippen befreien, feinhacken und untermengen. Den Schnittlauch waschen, trockenschwenken, feinschneiden und ebenfalls untermischen. • Eventuell noch die saure Sahne unterrühren, damit der Käse gut streichfähig wird. • Den Käseaufstrich mit Paprikaschotenstreifen und Radieschenscheiben garniert servieren.

Paßt gut zu: deftigem Landbrot

Mein Tip In Ungarn wird der Käseaufstrich auch gerne auf folgende Weise serviert: Den Aufstrich bis auf die Garnierung wie beschrieben zubereiten. 2 große grüne Paprikaschoten waschen, die Deckel mit Stengelansätzen wegschneiden und die Schoten von Kernen und weißen Rippen befreien. Die Paprikaschoten mit dem Käseaufstrich füllen und etwa 1 Stunde kühl stellen. Etwa 30 Minuten vor dem Servieren die gefüllten Paprikaschoten mit einem scharfen Messer in dünne Scheiben schneiden und auf einem Teller anrichten.

Obatzter

Bild Seite 10

Für alle Leser außerhalb Bayerns: Obatzter ist »angepatzter« (durcheinandergemischter) Camembert.

250 g sehr reifer Camembert · 30 g weiche Butter · 1 Eigelb · 2 Eßl. helles Bier · 1 kleine Zwiebel · 2 Teel. Paprikapulver edelsüß · 1 Teel. gemahlener Kümmel · schwarzer Pfeffer, frisch gemahlen · Salz · 1 Eßl. Schnittlauchröllchen

Pro Portion etwa 1090 Joule/260 Kalorien
13 g Eiweiß · 22 g Fett · 1 g Kohlenhydrate

● Zubereitungszeit: etwa 15 Minuten

So wird's gemacht: Den Camembert eventuell von der Rinde befreien und mit einer Gabel zerdrücken. • Den Käse mit der Butter, dem Eigelb und dem Bier zu einer glatten Masse verarbeiten. Die Zwiebel schälen, feinhacken und unterrühren. • Den Obatzten mit dem Paprikapulver, dem Kümmel, Pfeffer und wenig Salz würzen. • Den Obatzten auf einem Teller kuppelförmig anrichten und mit dem Schnittlauch bestreut servieren.

Paßt gut zu: frischem Bauernbrot oder knusprigen Laugenbrezeln. Als Getränk schmeckt am besten ein helles Bier.

Fisch, Fleisch und Geflügel

Norwegischer Makrelenaufstrich

100 g weiche Butter · 1 Eßl. Zitronensaft · 200 g geräuchertes Makrelenfilet · 1 Prise Cayennepfeffer · Salz · schwarzer Pfeffer, frisch gemahlen
Pro Portion etwa 1260 Joule/300 Kalorien
11 g Eiweiß · 29 g Fett · 0 g Kohlenhydrate

● Zubereitungszeit: etwa 10 Minuten

So wird's gemacht: Die Butter mit dem Zitronensaft verrühren. Die Makrelenfilets enthäuten, mit zwei Gabeln fein zerpflücken und mit der Butter gut vermengen. ● Den Aufstrich mit dem Cayennepfeffer, Salz und Pfeffer würzen.

Paßt gut zu: Toastbrot

Feiner Thunfischaufstrich

1 Dose Thunfisch (160 g Einwaage) · 125 g weiche Butter · ½ kleine Zwiebel · 1 Teel. Petersilie, frisch gehackt · 1 Teel. Schnittlauchröllchen · 1 Teel. Zitronensaft · etwas abgeriebene Schale von 1 unbehandelten Zitrone · schwarzer Pfeffer, frisch gemahlen · Paprikapulver edelsüß · Salz · eventuell 1 Knoblauchzehe
Pro Portion etwa 1480 Joule/350 Kalorien
10 g Eiweiß · 34 g Fett · 1 g Kohlenhydrate

● Zubereitungszeit: etwa 15 Minuten

So wird's gemacht: Den Thunfisch abtropfen lassen und mit einer Gabel grob zerpflücken. Den Thunfisch und die Butter mit dem elektrischen Handrührgerät auf der kleinsten Stufe zu einer glatten Masse verrühren. ● Die Zwiebel schälen und feinhacken. Die Zwiebel, die Petersilie und den Schnittlauch gründlich mit der Thunfischbutter mischen. ● Den Aufstrich mit dem Zitronensaft, der Zitronenschale, Pfeffer, Paprikapulver und Salz würzen. ● Nach Wunsch die Knoblauchzehe schälen, durch die Presse drücken und untermischen.

Paßt gut zu: Toast- oder Roggenbrot

Schlesisches Heringshäckerle

2 Matjesfilets · 50 g durchwachsener Räucherspeck · 1 säuerlicher Apfel · 1 kleine Zwiebel · 1 hartgekochtes Ei · 1 Gewürzgurke · 3-4 Eßl. saure Sahne · 2 Eßl. Petersilie, frisch gehackt
Pro Portion etwa 1005 Joule/240 Kalorien
9 g Eiweiß · 19 g Fett · 7 g Kohlenhydrate

● Ruhezeit: eventuell 1 Stunde
● Zubereitungszeit: etwa 20 Minuten

So wird's gemacht: Die Matjesfilets – falls sie sehr salzig sind – 1 Stunde wässern. ● Die Matjesfilets dann abtropfen lassen und mit dem Speck durch den Fleischwolf drehen oder sehr fein hacken. Den Apfel schälen, vom Kerngehäuse befreien und feinraspeln. Die Zwiebel und das Ei schälen und feinhacken. Die Gewürzgurke ebenfalls feinhacken. ● Alle Zutaten gut miteinander vermengen. So viel saure Sahne dazugeben, bis das Häckerle gut streichfähig wird. ● Den Aufstrich mit der Petersilie bestreut servieren.

Paßt gut zu: Vollkornbrot oder Pumpernickel. Als Getränk Bier und ein eiskalter Aquavit.

Fisch, Fleisch und Geflügel

Schwedischer Lachsaufstrich

3 Eier · 100 g Räucherlachs · 1 Bund Dill · 2-4 Eßl. Mayonnaise (50% Fett) · Salz · schwarzer Pfeffer, frisch gemahlen
Pro Portion etwa 685 Joule/165 Kalorien
11 g Eiweiß · 13 g Fett · 1 g Kohlenhydrate

● Zubereitungszeit: etwa 20 Minuten

So wird's gemacht: Die Eier in 10 Minuten hart kochen und danach kalt abschrecken. ● Inzwischen den Räucherlachs feinhacken. Den Dill waschen, trockenschwenken und ebenfalls feinhacken. ● Die Eier schälen. Die Eiweiße abtrennen, feinhacken und mit dem Lachs und dem Dill in einer Schüssel vermengen. Die Eigelbe durch ein Sieb dazustreichen. So viel Mayonnaise unterrühren, bis eine streichfähige Masse entsteht. ● Den Lachsaufstrich mit Salz und reichlich Pfeffer pikant abschmecken.

Paßt gut zu: Roggenbrot

Krabbenpaste

200 g tiefgefrorene Krabben · 1 Bund Dill · 50 g weiche Butter · 1 Eßl. Zitronensaft · 1 Prise geriebene Muskatnuß · Salz · weißer Pfeffer, frisch gemahlen
Pro Portion etwa 605 Joule/145 Kalorien
10 g Eiweiß · 11 g Fett · 1 g Kohlenhydrate

● Auftauzeit: etwa 3 Stunden
● Zubereitungszeit: etwa 10 Minuten

So wird's gemacht: Die Krabben bei Zimmertemperatur in etwa 3 Stunden zugedeckt auftauen lassen. ● Den Dill waschen, trockenschwenken, von den groben Stengeln befreien und feinhacken. ● Die Krabben ebenfalls sehr fein hacken und mit der Butter, dem Dill und dem Zitronensaft gut vermengen. ● Die Krabbenpaste mit dem Muskat, Salz und Pfeffer pikant abschmecken.

Paßt gut zu: Toastbrot

Griechische Rogenpaste
Taramosaláta

Tarama ist die griechische Bezeichnung für den rötlichen Meeräschenrogen, den es bei uns leider nicht zu kaufen gibt. Doch mit Keta-Kaviar schmeckt der Aufstrich genauso gut.

100 g Weißbrot ohne Rinde · 1 kleine Zwiebel · 2 Eßl. Zitronensaft · 100 g Keta-Kaviar · 4 Eßl. kaltgepreßtes Olivenöl
Pro Portion etwa 885 Joule/210 Kalorien
9 g Eiweiß · 12 g Fett · 16 g Kohlenhydrate

● Zubereitungszeit: etwa 15 Minuten

So wird's gemacht: Das Weißbrot grobwürfeln und in wenig lauwarmem Wasser kurz einweichen. ● Inzwischen die Zwiebel schälen und hakken. ● Das Brot ausdrücken und mit der Zwiebel, dem Zitronensaft, dem Kaviar und dem Öl im Mixer pürieren. ● Die Paste gut gekühlt servieren.

Paßt gut zu: gebuttertem Toastbrot oder Kräkkern

Fisch, Fleisch und Geflügel

Kärntner Verhackertes

*250 g durchwachsener Räucherspeck ·
1 Knoblauchzehe · schwarzer Pfeffer, frisch
gemahlen · getrockneter zerriebener Majoran*
Pro Portion etwa 1635 Joule/390 Kalorien
6 g Eiweiß · 41 g Fett · 0 g Kohlenhydrate

● Zubereitungszeit: etwa 10 Minuten

So wird's gemacht: Den Räucherspeck zweimal durch die grobe Scheibe des Fleischwolfes drehen. Die Knoblauchzehe schälen, durch die Presse drücken und untermischen. ● Den Aufstrich mit Pfeffer und Majoran kräftig würzen.

Paßt gut zu: deftigem Bauernbrot

> **Mein Tip** Der Fleischwolf läßt sich leichter reinigen, wenn Sie nach dem Speck etwas trockenes Brot durchdrehen.

Pikanter Zungenaufstrich

*200 g gekochte geräucherte Rinderzunge · 1 kleine Gewürzgurke · 1 hartgekochtes Ei · 1 Teel. Senf ·
2-4 Eßl. Mayonnaise (50% Fett) · 2 Eßl. Schnittlauchröllchen*
Pro Portion etwa 1050 Joule/250 Kalorien
12 g Eiweiß · 22 g Fett · 1 g Kohlenhydrate

● Zubereitungszeit: etwa 10 Minuten

So wird's gemacht: Die Rinderzunge und die Gewürzgurke sehr fein hacken. Das Ei schälen, das Eiweiß abtrennen und feinhacken. ● Diese Zutaten in einer Schüssel gut vermengen. Das Eigelb durch ein Sieb dazustreichen. Den Senf und löffelweise so viel Mayonnaise hinzufügen, bis eine gut streichfähige Masse entsteht. ● Den Zungenaufstrich gut gekühlt mit dem Schnittlauch bestreut servieren.

Paßt gut zu: Kräckern oder Toastbrot

Tatarenaufstrich

*1 kleine Zwiebel · 1 Eßl. Kapern · 300 g Tatar ·
2 Eigelbe · 1 Eßl. Petersilie, frisch gehackt ·
1 Teel. Paprikapulver edelsüß · Salz · schwarzer
Pfeffer, frisch gemahlen
Zum Garnieren: Zwiebelringe*
Pro Portion etwa 525 Joule/125 Kalorien
18 g Eiweiß · 6 g Fett · 1 g Kohlenhydrate

● Zubereitungszeit: etwa 10 Minuten

So wird's gemacht: Die Zwiebel schälen und feinhacken. Die Kapern ebenfalls feinhacken. ● Das Tatar, die Eigelbe, die Zwiebelwürfel, die Kapern und die Petersilie in einer Schüssel gut vermengen. Mit dem Paprikapulver, Salz und Pfeffer würzen. ● Den Tatarenaufstrich mit Zwiebelringen garniert sofort servieren.

Paßt gut zu: gebutterten Vollkornschnitten. Als Getränk schmeckt kühles Bier.

Die Grünkernpaste ist ein äußerst schmackhafter Aufstrich aus der Bio-Küche, der Sie Fleisch sicher nicht vermissen läßt. Rezept Seite 43. ▷

Fisch, Fleisch und Geflügel

Herzhafter Frühstücksaufstrich

Brote mit diesem kräftigen Aufstrich bilden eine stabile Grundlage für den Berufs- und Schulalltag.

4 Eier · 100 g durchwachsener Räucherspeck · 2 kleine Gewürzgurken · 3–4 Eßl. Mayonnaise (50% Fett) · schwarzer Pfeffer, frisch gemahlen · Salz
Pro Portion etwa 1315 Joule/315 Kalorien
10 g Eiweiß · 30 g Fett · 1 g Kohlenhydrate

- Zubereitungszeit: etwa 20 Minuten

So wird's gemacht: Die Eier in 10 Minuten hart kochen und danach kalt abschrecken. • Den Speck kleinwürfeln und ohne weitere Fettzugabe ausbraten. • Die Speckwürfel abtropfen und auskühlen lassen. Die Gewürzgurken feinhacken. • Die Eier schälen, die Eiweiße abtrennen und feinhacken. Den Speck, die Gewürzgurken und die Eiweiße in einer Schüssel vermengen. Die Eigelbe durch ein Sieb dazustreichen. So viel Mayonnaise unterrühren, bis die Masse streichfähig wird. • Den Aufstrich mit Pfeffer und Salz abschmecken.

Paßt gut zu: Bauernbrot, Vollkornbrot oder kräftigen Knäckebrotsorten

◁ Die Fotos zeigen die wichtigsten Arbeitsschritte bei der Zubereitung von Großmutters Griebenschmalz (von links nach rechts). Speck kleinwürfeln und in einem großen Topf auslassen. Äpfel und Zwiebeln schälen und würfeln. Beides mit dem Speck braten. Das Griebenschmalz in Steinguttöpfe füllen und erkalten lassen. Kühl lagern. Rezept Seite 33.

Zwiebelstreichwurst

150 g mageres Rindfleisch (Schulter oder Lende) · 150 g mageres Schweinefleisch (Schulter oder Lende) · 2 kleine Zwiebeln · 1 Eßl. Zitronensaft · 1 Eßl. Petersilie, frisch gehackt · etwa ⅛ l kalte Fleischbrühe · Salz · schwarzer Pfeffer, frisch gemahlen
Pro Portion etwa 705 Joule/170 Kalorien
15 g Eiweiß · 11 g Fett · 2 g Kohlenhydrate

- Zubereitungszeit: etwa 20 Minuten
- Ruhezeit: 24 Stunden

So wird's gemacht: Die beiden Fleischsorten kalt abspülen, trockentupfen, in mundgerechte Stücke schneiden und zweimal durch die feine Scheibe des Fleischwolfes drehen. Die Zwiebeln schälen, feinhacken und dazumengen. Den Zitronensaft und die Petersilie hinzufügen. • Nach und nach so viel Fleischbrühe untermischen, bis die Masse gut streichfähig wird. • Die Streichwurst mit Salz und Pfeffer würzen und in einen Tontopf drücken. • Mit Klarsichtfolie bedecken und 24 Stunden zum Durchziehen in den Kühlschrank stellen. • Den Aufstrich danach aber möglichst bald servieren, da er sich nicht lange hält.

Paßt gut zu: frischem Bauernbrot

Schusteraufstrich

50 g weiche Butter · 1 Teel. Senf · 100 g Fleischwurst · 100 g Emmentaler Käse · 1 kleine Zwiebel · 1 hartgekochtes Ei · 1 kleine Gewürzgurke · Salz · schwarzer Pfeffer, frisch gemahlen · 2 Eßl. Petersilie, frisch gehackt
Pro Portion etwa 1265 Joule/300 Kalorien
12 g Eiweiß · 27 g Fett · 2 g Kohlenhydrate

Fisch, Fleisch und Geflügel

- Zubereitungszeit: etwa 15 Minuten

So wird's gemacht: Die Butter mit dem Senf in einer Schüssel verrühren. • Die Fleischwurst sehr fein hacken. Den Emmentaler Käse feinreiben. Die Zwiebel schälen und feinhacken. Das Ei schälen, das Eiweiß abtrennen und das Eigelb durch ein Sieb streichen. Das Eiweiß und die Gewürzgurke sehr fein hacken. Alle diese Zutaten mit der Senfbutter verrühren und mit Salz und Pfeffer abschmecken. • Den Aufstrich mit der Petersilie bestreut servieren.

Paßt gut zu: deftigem Landbrot

Varianten: Die Fleischwurst kann durch beliebige Hartwurstsorten, gebratenes oder gekochtes Fleisch, durchwachsenen Räucherspeck oder Räucherfisch ersetzt werden. Statt Emmentaler Käse können Sie auch Greyerzer oder anderen Hartkäse verwenden.

Französischer Schweinefleischaufstrich

Rillettes de porc

Diese französische Spezialität sollten Sie trotz der langen Garzeit einmal versuchen. Der unübertreffliche Geschmack lohnt den Zeitaufwand.

Zutaten für etwa 12 Portionen:
1 kg mageres Schweinefleisch (ohne Knochen und Schwarten) · Salz · 1½ Teel. weißer Pfeffer, frisch gemahlen · ½ Teel. Nelkenpulver · ½ Teel. Ingwerpulver · ½ Teel. geriebene Muskatnuß · 250 g Schweineschmalz · 1 Zweig frischer Thymian · 1 Lorbeerblatt · 2 Knoblauchzehen
Pro Portion etwa 1735 Joule/415 Kalorien
14 g Eiweiß · 40 g Fett · 0 g Kohlenhydrate

- Vorbereitungszeit: etwa 10 Minuten
- Garzeit: 5 Stunden

So wird's gemacht: Das Schweinefleisch kalt abspülen, trockentupfen und kleinwürfeln. • Die Fleischwürfel mit Salz, Pfeffer, dem Nelkenpulver, dem Ingwerpulver und der Muskatnuß würzen und kurz durchkneten. • Das Schweineschmalz in einem großen Topf erhitzen. Die Fleischwürfel mit dem Thymianzweig und dem Lorbeerblatt hineingeben. Die Knoblauchzehen schälen und durch die Presse dazudrücken. • Die Fleischmasse bei schwacher Hitze ohne Deckel etwa 5 Stunden köcheln lassen. Dabei häufig kräftig umrühren, damit das Fleisch faserig zerfällt. • Wenn das Fleisch goldbraun geworden ist, den Topf vom Herd nehmen. Den Thymian und das Lorbeerblatt entfernen. • Das Fleisch etwas abkühlen lassen, dann in kleine Tontöpfchen oder Einkochgläser füllen und auskühlen lassen. • Mit Klarsichtfolie bedeckt hält sich der Aufstrich im Kühlschrank einige Tage.

Paßt gut zu: frischem Graubrot oder Schwarzbrot. Als Getränk schmeckt Rosé oder Rotwein.

Mein Tip Der Aufstrich hält sich kühl aufbewahrt einige Wochen, wenn Sie ihn sofort nach dem Erkalten mit heißem Schmalz versiegeln. Dazu wird eine kleine Menge Schmalz so lange erhitzt, bis es flüssig ist und über den Aufstrich gegossen. Diese Schmalzschicht vor dem Servieren entfernen.

Fisch, Fleisch und Geflügel

Schinken-Ei-Aufstrich

3 Eier · 150 g magerer gekochter Schinken · 1 Bund Schnittlauch · 3–4 Eßl. Mayonnaise (50% Fett) · Salz · schwarzer Pfeffer, frisch gemahlen
Pro Portion etwa 910 Joule/215 Kalorien
13 g Eiweiß · 18 g Fett · 1 g Kohlenhydrate

● Zubereitungszeit: etwa 20 Minuten

So wird's gemacht: Die Eier in 10 Minuten hart kochen und danach kalt abschrecken. ● Den Schinken feinhacken. Den Schnittlauch waschen, trockenschwenken und feinschneiden. ● Die Eier schälen, die Eiweiße abtrennen und feinhacken. Die Eigelbe durch ein Sieb streichen. ● Alle Zutaten vermischen und so viel Mayonnaise unterrühren, bis eine streichfähige Masse entsteht. ● Den Aufstrich mit Salz und Pfeffer pikant würzen.

Paßt gut zu: Vollkornbrot

Kalbsleberaufstrich

250 g Kalbsleber · weißer Pfeffer, frisch gemahlen · 1 Teel. getrockneter zerriebener Majoran · 1 kleine Zwiebel · 50 g durchwachsener Räucherspeck · 2 Eßl. Rotwein · 100 g weiche Butter · Salz
Pro Portion etwa 1475 Joule/350 Kalorien
13 g Eiweiß · 31 g Fett · 4 g Kohlenhydrate

● Zubereitungszeit ohne Abkühlzeit: etwa 40 Minuten

So wird's gemacht: Die Leber kalt abspülen, trockentupfen und von den Häuten und harten Sehnen befreien. Die Leber in dünne Scheiben schneiden und mit Pfeffer und dem Majoran würzen. Die Zwiebel schälen und feinhacken. ● Den Speck kleinwürfeln und in einer Pfanne ohne weitere Fettzugabe bei mittlerer Hitze ausbraten. Die Zwiebel dazugeben und glasig braten. Die Leber ebenfalls hinzufügen und unter ständigem Rühren etwa 5 Minuten mitbraten. Den Rotwein dazugießen und den Bratfond damit ablöschen. ● Die Masse vom Herd nehmen und abkühlen lassen. Dann im Mixer fein pürieren oder durch den Fleischwolf drehen. ● Das Leberpüree mit der Butter vermengen und mit Salz abschmecken.

Paßt gut zu: Toast- oder Roggenbrot

Mein Tip Leber läßt sich leicht enthäuten, wenn Sie sie einige Sekunden in heißes Wasser legen. Leber immer erst nach dem Braten salzen, sonst wird sie hart.

Großmutters Griebenschmalz

Bild Seite 30

Zutaten für etwa 12 Portionen:
1 kg fetter Rückenspeck vom Schwein (oder Schweineflomen) · 2 große Zwiebeln · 2 säuerliche Äpfel · 1 Eßl. Salz · ½ Teel. weißer Pfeffer, frisch gemahlen · 1 Teel. getrockneter zerriebener Majoran
Pro Portion etwa 2750 Joule/655 Kalorien
4 g Eiweiß · 69 g Fett · 5 g Kohlenhydrate

● Vorbereitungszeit: etw 10 Minuten
● Garzeit ohne Abkühlzeit: etwa 50 Minuten

So wird's gemacht: Den Rückenspeck oder die Flomen in gleichmäßig kleine Würfel schneiden.

Fisch, Fleisch und Geflügel

Die Speckwürfel in einen großen Topf geben und mit so viel Wasser auffüllen, daß der Boden bedeckt ist. • Den Speck bei schwacher Hitze in etwa 25 Minuten langsam auslassen. • In der Zwischenzeit die Zwiebeln schälen und feinwürfeln. Die Äpfel ebenfalls schälen, vom Kerngehäuse befreien und kleinwürfeln. • Sobald die Speckwürfel gelblich werden, die Zwiebel- und die Apfelwürfel nach und nach dazugeben. Mit dem Salz, dem Pfeffer und dem Majoran kräftig würzen. Das Schmalz unter häufigem Umrühren noch etwa 10 Minuten braten lassen. • Wenn die Zwiebeln hellgelb werden, den Topf vom Herd nehmen; die Zwiebeln und die Äpfel bräunen im heißen Schmalz noch nach. • Das Schmalz etwas abkühlen lassen, dann in kleine Steinguttöpfe oder Einkochgläser gießen und bei Zimmertemperatur erstarren lassen. Dabei öfter umrühren, damit sich Grieben, Zwiebel- und Apfelstücke schön verteilen. • Das Schmalz mit Pergamentpapier oder Klarsichtfolie verschließen. Kühl und dunkel aufbewahrt hält sich das Griebenschmalz einige Wochen.

Paßt gut zu: knusprigen Roggenbrötchen oder dunklem Bauernbrot. Besonders köstlich auch auf Graubrot mit Harzer Käse.

Gänseschmalz

Gänseschmalz, auch Pommerscher Kaviar genannt, wird wegen seines angenehmen Geschmacks gerne als Brotaufstrich verwendet.

Zutaten für etwa 12 Portionen:
500 g Gänsefett vom Darm · 500 g Schweineflomen · 1 Zwiebel · 1 Teel. getrockneter zerriebener Majoran · schwarzer Pfeffer, frisch gemahlen · Salz
Pro Portion etwa 2995 Joule/715 Kalorien
1 g Eiweiß · 89 g Fett · 0 g Kohlenhydrate

- Ruhezeit: etwa 24 Stunden
- Zubereitungszeit ohne Abkühlzeit: etwa 40 Minuten

So wird's gemacht: Das Gänsefett etwa 24 Stunden in kaltes Wasser legen, dabei das Wasser mehrmals wechseln. • Das Gänsefett abtropfen lassen, trockentupfen und in kleine Würfel schneiden. Die Schweineflomen abspülen, trockentupfen und ebenfalls kleinwürfelig schneiden. Die Zwiebel schälen und feinhacken. • Die Fettwürfel mit der Zwiebel und den Gewürzen in einen großen Topf geben und bei schwacher Hitze unter Rühren in etwa 30 Minuten auslassen. Wenn die Grieben goldgelb werden, den Topf vom Herd nehmen. • Das Schmalz etwas abkühlen lassen, dann durch ein Sieb in einen Steinguttopf gießen. • Nach dem Erkalten den Topf mit Pergamentpapier oder Klarsichtfolie verschließen. • Kühl und dunkel aufbewahrt hält sich das Gänseschmalz einige Wochen.

Paßt gut zu: Bauernbrot. Vorzüglich in Verbindung mit Harzer Käse oder Mainzer Handkäse.

Delikater Leberwurstaufstrich

200 g grobe Leberwurst · 3 Eßl. Sherry · 1 kleine Zwiebel · 1 kleine Gewürzgurke ·
1 Knoblauchzehe · schwarzer Pfeffer, frisch gemahlen · 2 Eßl. Petersilie, frisch gehackt
Pro Portion etwa 955 Joule/225 Kalorien
7 g Eiweiß · 26 g Fett · 3 g Kohlenhydrate

- Zubereitungszeit: 10 Minuten

So wird's gemacht: Die Leberwurst mit dem Sherry in einer Schüssel verrühren. • Die Zwiebel schälen, feinhacken und unterrühren. Die

Fisch, Fleisch und Geflügel

Gewürzgurke ebenfalls feinhacken und hinzufügen. Die Knoblauchzehe schälen und durch die Presse drücken. Alles gut verrühren. • Den Aufstrich mit reichlich Pfeffer pikant abschmecken und mit der Petersilie bestreut servieren.

Paßt gut zu: Grahambrot oder Kräckern

Gehackte Hühnerleber

Eine berühmte Vorspeise der jüdischen Küche.

2 Eier · 200 g Hühnerlebern · 1 Zwiebel · 3 Eßl. ausgelassenes Hühnerfett, ersatzweise Pflanzenöl · Salz · schwarzer Pfeffer, frisch gemahlen
Pro Portion etwa 705 Joule/165 Kalorien
15 g Eiweiß · 11 g Fett · 2 g Kohlenhydrate

- Vorbereitungszeit: etwa 20 Minuten
- Garzeit: etwa 15 Minuten

So wird's gemacht: Die Eier in 10 Minuten hart kochen und danach kalt abschrecken. • Die Lebern kalt abspülen, trockentupfen, von Häuten und Sehnen befreien und vierteln. Die Zwiebel schälen und feinhacken. Das Hühnerfett oder das Öl in einer Pfanne erhitzen. Die Zwiebel hineingeben und bei mittlerer Hitze in etwa 5 Minuten goldgelb braten. Die Zwiebel aus dem Fett nehmen und beiseite stellen. • Die Lebern in das heiße Fett geben und bei mittlerer Hitze unter ständigem Wenden in etwa 8 Minuten durchbraten. Die Pfanne vom Herd nehmen und die Lebern und das Fett auskühlen lassen. • Die Eier schälen, feinhacken und mit den Zwiebelwürfeln in einer Schüssel vermengen. Die Lebern feinhacken und samt dem Fett hinzufügen. Alles gut vermengen und mit Salz und Pfeffer würzen.

Paßt gut zu: Matze, dem ungesäuerten Fladenbrot der jüdischen Küche oder Weißbrot.

Feine Hühnercreme

250 g gegartes, entbeintes Hühnerfleisch · 50 g Mandeln · 80 g weiche Butter · Salz · weißer Pfeffer, frisch gemahlen
Pro Portion etwa 1230 Joule/295 Kalorien
17 g Eiweiß · 24 g Fett · 3 g Kohlenhydrate

- Zubereitungszeit: etwa 20 Minuten

So wird's gemacht: Das Hühnerfleisch enthäuten und durch den Fleischwolf drehen oder sehr fein hacken. Die Mandeln mit kochendheißem Wasser kurz überbrühen, dann schälen und feinmahlen. • Das Hühnerfleisch und die Mandeln gründlich mit der Butter vermengen. • Die Hühnercreme mit Salz und Pfeffer abschmecken.

Paßt gut zu: Toast- oder Knäckebrot

Variante: Zur Abwechslung können Sie die Mandeln auch einmal durch Eßkastanien (Maronen) ersetzen. Dazu 50 g gebratene oder gekochte Eßkastanien pürieren und unterrühren.

Reizvolle Spezialitäten

Spanische Olivenpaste

250 g schwarze Oliven · 2 Eßl. Zitronensaft · 2–3 Eßl. kaltgepreßtes Olivenöl · Salz · schwarzer Pfeffer, frisch gemahlen
Pro Portion etwa 1135 Joule/270 Kalorien
1 g Eiweiß · 28 g Fett · 3 g Kohlenhydrate

● Zubereitungszeit: etwa 15 Minuten

So wird's gemacht: Die Oliven abtropfen lassen, entsteinen und feinhacken. Die Oliven mit dem Zitronensaft im Mörser zerstoßen oder im Mixer pürieren. ● Nach und nach so viel Olivenöl dazugeben, bis eine glatte streichfähige Paste entsteht. ● Die Olivenpaste mit Salz und Pfeffer pikant abschmecken. Gut gekühlt servieren.

Brotaufstrich aus grünen Bohnen

250 g grüne Bohnen · Salz · 1 Zweig frisches Bohnenkraut · 3 Eier · 1 Zwiebel · 1–2 Eßl. Pflanzenöl · schwarzer Pfeffer, frisch gemahlen
Pro Portion etwa 535 Joule/125 Kalorien
7 g Eiweiß · 9 g Fett · 5 g Kohlenhydrate

● Vorbereitungszeit: etwa 10 Minuten
● Zubereitungszeit ohne Abkühlzeit: etwa 40 Minuten

So wird's gemacht: Die Bohnen putzen, waschen und einmal auseinanderbrechen. In wenig Salzwasser mit dem Bohnenkraut in etwa 30 Minuten weich kochen. ● Die Eier in 10 Minuten hart kochen, danach kalt abschrecken, schälen und die Eiweiße abtrennen. Die Zwiebel schälen, feinhacken und in eine Schüssel geben. Die Eigelbe durch ein Sieb dazustreichen. Die Eiweiße feinhacken und etwa die Hälfte zu der Zwiebel geben, den Rest beiseite stellen. ● Die Bohnen abgießen und auskühlen lassen. Das Bohnenkraut entfernen. Die Bohnen feinhacken und mit der Zwiebel-Eiermischung vermengen. ● So viel Öl dazugeben, bis eine gut streichfähige Masse entsteht. ● Den Aufstrich mit Salz und Pfeffer abschmecken und mit den restlichen Eiwürfeln bestreut servieren.

Paßt gut zu: gebuttertem Vollkornbrot

Avocado-Aufstrich

Bild Seite 9

2 reife Avocados · 1 kleine Zwiebel · 1 Bund Petersilie · 1 Knoblauchzehe · etwas Zitronensaft · schwarzer Pfeffer, frisch gemahlen · Salz
Pro Portion etwa 1275 Joule/305 Kalorien
3 g Eiweiß · 29 g Fett · 7 g Kohlenhydrate

● Zubereitungszeit: etwa 15 Minuten

Die Avocado wird halbiert, vom Stein befreit und das Fruchtfleisch mit einem Löffel herausgehoben.

So wird's gemacht: Die Avocados halbieren und entsteinen. Das Fruchtfleisch mit einem Löffel aus der Schale lösen und mit einer Gabel zerdrücken. Die Zwiebel schälen und feinhacken. Die Petersilie waschen, trockentupfen, von den groben Stengeln befreien und feinhacken. Die Knoblauchzehe schälen und durch die Presse drücken. • Alle Zutaten miteinander vermengen. • Den Avocadoaufstrich mit dem Zitronensaft, Pfeffer und Salz pikant abschmecken.

Paßt gut zu: Weißbrot

Varianten: Rühren Sie zur Abwechslung einmal 50 g fein zerpflücktes Thunfischfleisch (aus der Dose) oder 62,5 g Doppelrahm-Frischkäse und 1 Eßlöffel Crème fraîche unter die Avocadomasse.

Mein Tip Ob die Avocados reif sind, können Sie prüfen, indem Sie mit der Handfläche (nicht mit der Fingerspitze) leicht gegen die Früchte drücken. Wenn sie nachgeben, sind sie eßreif. Harte Avocados müssen noch einige Zeit nachreifen.

Ei-Tomaten-Aufstrich

Bild Seite 40

4 Eier · 1 Zwiebel · 2 kleine Tomaten (etwa 150 g) · 4 Eßl. Crème fraîche · 1 Eßl. Petersilie, frisch gehackt · Salz · weißer Pfeffer, frisch gemahlen
Pro Portion etwa 525 Joule/125 Kalorien
8 g Eiweiß · 9 g Fett · 4 g Kohlenhydrate

● Zubereitungszeit: etwa 15 Minuten

So wird's gemacht: Die Eier in 10 Minuten hart kochen und danach kalt abschrecken. • Inzwischen die Zwiebel schälen und feinhacken. Die Tomaten waschen und kleinwürfeln, dabei die Stielansätze entfernen. Die Eier schälen, die Eiweiße abtrennen und feinhacken. • Die Eigelbe durch ein Sieb streichen und mit der Crème fraîche und der Petersilie verrühren. Die Eiweiße, die Zwiebel und die Tomaten untermischen. • Den Aufstrich mit Salz und Pfeffer abschmecken.

Paßt gut zu: Vollkornbrot oder kräftigen Knäkkebrotsorten

Polnischer Zwiebelaufstrich

3 Eier · 2 Zwiebeln · 3 Eßl. Gänseschmalz, ersatzweise Butter · 1 Bund Schnittlauch · Salz · weißer Pfeffer, frisch gemahlen
Pro Portion etwa 690 Joule/165 Kalorien
6 g Eiweiß · 14 g Fett · 4 g Kohlenhydrate

● Zubereitungszeit: etwa 20 Minuten

So wird's gemacht: Die Eier in 10 Minuten hart kochen und danach kalt abschrecken. • Die Zwiebeln schälen und feinhacken. Das Gänseschmalz in einer Pfanne erhitzen und die Zwiebeln darin glasig braten. Die Pfanne vom Herd nehmen und die Zwiebeln und das Schmalz auskühlen lassen. • Die Eier schälen, feinhacken und in eine Schüssel geben. Die Zwiebeln und das Gänseschmalz hinzufügen. Den Schnittlauch waschen, trockenschwenken, feinschneiden und dazugeben. • Alles gut vermengen und mit Salz und Pfeffer pikant würzen.

Paßt gut zu: Roggenvollkornbrot

Reizvolle Spezialitäten

Orientalische Kichererbsenpaste
Hummus

Den typischen Geschmack erhält der pikante Kichererbsenaufstrich durch die Zugabe von Sesampaste. Diese können Sie im Reformhaus erwerben oder nach dem Rezept auf Seite 42 selbst herstellen. Gekaufte Sesampaste ist ziemlich fest, deshalb sollten Sie sie mit etwas Wasser oder Zitronensaft cremig rühren.

200 g Kichererbsen · 1 l Wasser · 2 Eßl. Zitronensaft · 1 Eßl. kaltgepreßtes Olivenöl · 50 g Sesampaste · 1 Eßl. Petersilie, frisch gehackt · 1 Knoblauchzehe · Salz · eventuell 2 Eßl. Sesamsamen
Pro Portion etwa 1345 Joule/320 Kalorien
13 g Eiweiß · 16 g Fett · 31 g Kohlenhydrate

- Quellzeit: 12 Stunden
- Garzeit: 1½ Stunden
- Zubereitungszeit: 20 Minuten

So wird's gemacht: Die Kichererbsen kalt abspülen und in dem Wasser über Nacht einweichen. • Am nächsten Tag im Einweichwasser bei mittlerer Hitze zugedeckt in etwa 1½ Stunden weich kochen. • Die Kichererbsen abgießen, noch heiß durch ein Sieb streichen, abkühlen lassen und mit dem Zitronensaft und dem Olivenöl verrühren oder alles zusammen im Mixer pürieren. Das Kichererbsenpüree mit der Sesampaste und der Petersilie gut vermengen. Die Knoblauchzehe schälen, durch die Presse drücken und untermischen. Die Paste mit etwas Salz abschmecken. • Eventuell die Sesamsamen in einer trockenen Pfanne unter Rühren kurz anrösten und über die bestrichenen Brote streuen.

Paßt gut zu: Toast- oder Fladenbrot

Brotaufstrich aus weißen Bohnen

300 g getrocknete weiße Bohnen · 1½ l Wasser · 1 Zweig frisches Bohnenkraut · 1 Zwiebel · 1 Eßl. Zitronensaft · 2–3 Eßl. Öl · 1 Eßl. Petersilie, frisch gehackt · Salz · ½ Teel. gemahlener Kümmel
Pro Portion etwa 1365 Joule/325 Kalorien
17 g Eiweiß · 10 g Fett · 44 g Kohlenhydrate

- Quellzeit: 12 Stunden
- Garzeit: 1 Stunde
- Zubereitungszeit: etwa 15 Minuten

So wird's gemacht: Die Bohnen waschen und über Nacht in dem Wasser quellen lassen. • Die Bohnen am nächsten Tag im Einweichwasser mit dem Bohnenkraut bei mittlerer Hitze etwa 1 Stunde garen. • Die Bohnen abgießen und das Bohnenkraut entfernen. Die Bohnen noch heiß durch ein Sieb streichen, damit die groben Schalenteile zerstoßen werden oder zurückbleiben. Das Bohnenpüree auskühlen lassen. • Die Zwiebel schälen, feinhacken und mit dem Zitronensaft und so viel Öl unter das Bohnenpüree mischen, daß eine glatte streichfähige Paste entsteht. • Den Aufstrich mit der Petersilie, etwas Salz und dem Kümmel würzen.

Paßt gut zu: gebuttertem Vollkornbrot

Mit Hilfe dieser Fotos (von links nach rechts) gelingt ▷ die Basilikumpaste bestimmt. Gewaschene Basilikumblättchen von den Stielen zupfen und mit dem Knoblauch feinhacken. Geröstete Pinienkerne feinmahlen. Alles mit dem Käse im Mörser fein zerstoßen und mit dem Olivenöl verrühren. Die Basilikumpaste schmeckt am besten auf Weißbrot. Rezept Seite 46.

Reizvolle Spezialitäten

Japanischer Tofuaufstrich

Tofu, ein quarkähnliches Produkt aus Sojabohnen, ist reich an hochwertigem pflanzlichem Eiweiß, arm an Kohlenhydraten und sehr bekömmlich. Er besitzt nur wenig Eigengeschmack und kann deshalb vielfältig zubereitet werden. Tofu erhalten Sie in Naturkostläden und Reformhäusern.

200 g frischer weicher Tofu · 1 Knoblauchzehe · 1 Eßl. Pflanzenöl · 1 Eßl. Zitronensaft · 1 Teel. Sojasauce · Meersalz · schwarzer Pfeffer, frisch gemahlen · 1 Bund Schnittlauch
Pro Portion etwa 255 Joule/60 Kalorien
4 g Eiweiß · 4 g Fett · 2 g Kohlenhydrate

- Zubereitungszeit: etwa 10 Minuten
- Ruhezeit: etwa 30 Minuten

So wird's gemacht: Den Tofu mit einer Gabel fein zerdrücken. Die Knoblauchzehe schälen und durch die Presse drücken. • Den Tofu mit dem Knoblauch, dem Öl, dem Zitronensaft und der Sojasauce verrühren und mit Meersalz und reichlich Pfeffer pikant würzen. • Den Tofuaufstrich etwa 30 Minuten zum Durchziehen in den Kühlschrank stellen. • Kurz vor dem Servieren den Schnittlauch waschen, trockenschwenken, feinschneiden und unter den Aufstrich mischen.

Paßt gut zu: getoastetem Weizenvollkornbrot

◁ Der Ei-Tomaten-Aufstrich ist ein herzhafter Aufstrich, der im Handumdrehen zubereitet ist. Sie können ihn auch mit Oliven anreichern. Rezept Seite 37.

Möhrenaufstrich

Ein schmackhafter kalorienarmer Brotaufstrich.

200 g Möhren · 150 g Quark (20% Fett) · 1 Eßl. saure Sahne · 1 Teel. Zitronensaft · Salz · schwarzer Pfeffer, frisch gemahlen
Pro Portion etwa 290 Joule/70 Kalorien
5 g Eiweiß · 2 g Fett · 6 g Kohlenhydrate

- Zubereitungszeit: etwa 10 Minuten

So wird's gemacht: Die Möhren waschen, abtrocknen, dünn schälen und feinraspeln. • Den Quark mit der Sahne und dem Zitronensaft cremig rühren und gut mit den Möhren vermengen. • Den Aufstrich mit Salz und Pfeffer pikant abschmecken.

Paßt gut zu: Vollkornbrot

Hefeaufstrich

Während des Krieges war der preiswerte Hefeaufstrich äußerst beliebt. Heute wird die Hefe wieder geschätzt, weil sie wichtige Vitamine der B-Gruppe und pflanzliches Eiweiß enthält.

1 kleine Zwiebel · 30 g Butter · 3 Eßl. Semmelbrösel · 60 g frische Hefe · ¼ l Milch · ½ Teel. getrockneter zerriebener Majoran · 1 Eßl. Petersilie, frisch gehackt · Salz
Pro Portion etwa 805 Joule/190 Kalorien
11 g Eiweiß · 8 g Fett · 17 g Kohlenhydrate

- Zubereitungszeit: etwa 30 Minuten

So wird's gemacht: Die Zwiebel schälen und feinhacken. • Die Butter in einem Topf zerlassen. Die Zwiebelwürfel hineingeben und glasig

Reizvolle Spezialitäten

braten. Danach die Semmelbrösel hinzufügen und die Hefe dazubröckeln. Alles unter Rühren kurz weiterbraten, bis die Hefe zu bräunen beginnt. Die Milch angießen und aufkochen lassen. • Den Topf vom Herd nehmen und die Paste auskühlen lassen. Dabei häufig umrühren. • Den Hefeaufstrich mit dem Majoran, der Petersilie und etwas Salz pikant würzen.

Paßt gut zu: Vollkornbrot

Erdnußpaste

Erdnußpaste ist in Nordamerika sehr beliebt. Dort fehlt sie auf keinem Frühstückstisch.

250 g Erdnüsse · 1 Eßl. Erdnußöl · Salz
Pro Portion etwa 1800 Joule/430 Kalorien
16 g Eiweiß · 35 g Fett · 13 g Kohlenhydrate

• Zubereitungszeit: etwa 20 Minuten

So wird's gemacht: Die Erdnüsse aus den Schalen lösen, von den braunen Häuten befreien und in einer trockenen Pfanne unter häufigem Rütteln kurz rösten. Die gerösteten Erdnüsse im Mörser zerstoßen oder im Mixer zu einer cremigen Paste verarbeiten. • Die Nüsse mit dem Erdnußöl verrühren und nach Geschmack salzen. • Im Kühlschrank aufbewahrt hält sich die Erdnußpaste etwa 2 Wochen.

Paßt gut zu: Weißbrot

Mein Tip Wenn Sie einen leistungsschwächeren Mixer besitzen, sollten Sie jeweils nur 50 g Erdnüsse zerkleinern, damit Sie das Gerät nicht überlasten.

Sesampaste
Tahini

125 g Sesamsamen · 2 Eßl. Zitronensaft · etwa ⅛ l Wasser · Salz · 1 Prise Cayennepfeffer
Pro Portion etwa 785 Joule/185 Kalorien
6 g Eiweiß · 16 g Fett · 5 g Kohlenhydrate

• Zubereitungszeit: etwa 30 Minuten

So wird's gemacht: Die Sesamsamen in einer trockenen Pfanne bei mittlerer Hitze unter Rühren so lange rösten, bis sie zart zu duften beginnen. • Die gerösteten Sesamsamen in einem Mörser zerstoßen, danach den Zitronensaft und so viel Wasser hinzufügen, bis die Paste streichfähig wird. Oder die Sesamsamen mit dem Zitronensaft und etwa der Hälfte des Wassers im Mixer pürieren und danach, wenn nötig, das restliche Wasser dazurühren. • Die Sesampaste mit etwas Salz und dem Cayennepfeffer würzen. • Die Sesampaste hält sich einige Wochen.

Paßt gut zu: Toast- oder Weißbrot

Olivenpaste mit Kapern
Tapénade

Der Name stammt von tapéno, der provenzalischen Bezeichnung für Kapern. Die Paste ist appetitanregend und delikat, jedoch nur für Leute geeignet, die gerne scharf und salzig essen.

100 g schwarze Oliven · 50 g Sardellenfilets aus der Dose · 50 g Thunfisch aus der Dose · 3 Eßl. Kapern · 1 Eßl. Zitronensaft · 1 Eßl. Weinbrand · 1 Teel. Senf · etwa 6 Eßl. kaltgepreßtes Olivenöl · schwarzer Pfeffer, frisch gemahlen
Pro Portion etwa 1145 Joule/270 Kalorien
4 g Eiweiß · 28 g Fett · 2 g Kohlenhydrate

Reizvolle Spezialitäten

- Zubereitungszeit: etwa 40 Minuten

So wird's gemacht: Die Oliven abtropfen lassen, entsteinen und feinhacken. Die Sardellenfilets unter fließendem kaltem Wasser abspülen, trockentupfen und ebenfalls feinhacken. • Die Oliven, die Sardellenfilets, den Thunfisch und die Kapern im Mörser zerstoßen und danach den Zitronensaft, den Weinbrand und den Senf dazurühren oder alles zusammen im Mixer pürieren. • Nach und nach so viel Olivenöl unterrühren, bis eine gut streichfähige Paste entsteht. • Die Paste mit reichlich Pfeffer abschmecken, jedoch nicht salzen, da die Sardellenfilets ohnehin sehr salzig sind. • In einem verschließbaren Gefäß im Kühlschrank aufbewahrt ist die Olivenpaste einige Tage haltbar.

Paßt gut zu: Toastbrot

Serbischer Paprikaaufstrich
Ajwar

4 rote Paprikaschoten (etwa 300 g) · 2 Eßl. kaltgepreßtes Olivenöl · 1 Teel. Zitronensaft · 2 Knoblauchzehen · Salz · schwarzer Pfeffer, frisch gemahlen
Pro Portion etwa 240 Joule/55 Kalorien
1 g Eiweiß · 4 g Fett · 4 g Kohlenhydrate

- Backzeit: etwa 40 Minuten
- Zubereitungszeit: etwa 25 Minuten

So wird's gemacht: den Backofen auf 220° vorheizen. • Die Paprikaschoten waschen, abtrocknen und auf dem Rost des Backofens etwa 40 Minuten backen, bis die Haut Blasen wirft. • Die Schoten aus dem Backofen nehmen, in ein feuchtes Tuch einschlagen und etwa 5 Minuten abkühlen lassen. • Die Paprikaschoten enthäuten, von den Stengelansätzen, den Kernen und weißen Rippen befreien und durch ein Sieb streichen oder im Mixer pürieren. • Das Püree mit dem Olivenöl und dem Zitronensaft verrühren. Die Knoblauchzehen schälen, durch die Presse drücken und untermischen. • Den Aufstrich mit Salz und reichlich Pfeffer abschmecken.

Paßt gut zu: Toastbrot, aber auch zu gebratenem Fleisch

Grünkernpaste
Bild Seite 29

Grünkern erhalten Sie in Reformhäusern und Naturkostläden. Dort können Sie ihn auch frisch schroten lassen, wenn Sie keine Getreidemühle besitzen. Sie sollten den Grünkernschrot dann möglichst bald verwenden, denn nur frisch gemahlenes Getreide ist vollwertig.

200 g Grünkernschrot · ½ l Gemüsebrühe oder Wasser · 120 g weiche Butter · 1 kleine Zwiebel · 1 Knoblauchzehe · ½ Teel. getrockneter zerriebener Majoran · ½ Teel. getrocknetes zerriebenes Basilikum · Meersalz
Pro Portion etwa 1755 Joule/415 Kalorien
6 g Eiweiß · 27 g Fett · 37 g Kohlenhydrate

- Gar- und Quellzeit: etwa 40 Minuten
- Zubereitungszeit: etwa 10 Minuten

So wird's gemacht: Den Grünkernschrot in der Gemüsebrühe oder dem Wasser bei schwacher Hitze zugedeckt 15 Minuten köcheln lassen. Dann den Topf vom Herd nehmen und den Grünkernschrot noch etwa 25 Minuten zugedeckt ausquellen, dann abkühlen lassen. Den erkalteten Grünkernschrot mit der Butter verrühren. Die Zwiebel schälen, feinhacken und unterrühren. Die Knoblauchzehe schälen, durch die Presse drücken und ebenfalls untermischen. Die Paste mit dem Majoran, dem Basilikum und etwas Meersalz pikant würzen.

Paßt gut zu: getoastetem Weizenvollkornbrot

Auberginencreme

2 kleine Auberginen (etwa 400 g) · 2 Tomaten (etwa 150 g) · 1 kleine Zwiebel · 1 Knoblauchzehe · 1 Eßl. Zitronensaft · 2–4 Eßl. kaltgepreßtes Olivenöl · Salz · schwarzer Pfeffer, frisch gemahlen · 1 Eßl. Petersilie, frisch gehackt
Pro Portion etwa 470 Joule/110 Kalorien
2 g Eiweiß · 8 g Fett · 7 g Kohlenhydrate

- Backzeit: etwa 1 Stunde
- Zubereitungszeit: etwa 15 Minuten

So wird's gemacht: Den Backofen auf 200° vorheizen. • Die ungeschälten Auberginen von den Stielansätzen befreien und auf dem Rost etwa 50–60 Minuten backen, bis die Schalen austrocknen und feine Risse bilden. • Inzwischen die Tomaten schälen, quer durchschneiden, von den Kernen und Stielansätzen befreien und grobwürfeln. Die Zwiebel und die Knoblauchzehe schälen und grobhacken. • Die Auberginen etwas abkühlen lassen und halbieren. Das Fruchtfleisch samt den Kernen mit einem Löffel herausschälen und mit dem Zitronensaft beträufeln. Das Auberginenfruchtfleisch, die Tomaten, die Zwiebel und die Knoblauchzehe im Mixer fein pürieren. • Das Püree in eine Schüssel geben und wie für eine Mayonnaise unter Rühren langsam so viel Öl dazugießen, bis eine glatte streichfähige Paste entsteht. • Die Creme mit Salz und reichlich Pfeffer pikant abschmecken und mit der Petersilie bestreut servieren.

Erdäpfelkas

Diese alpenländische Spezialität, auf hochdeutsch »Kartoffelkäse«, ist sehr schmackhaft und ergiebig.

3 kleine Kartoffeln (etwa 200 g) · 1 hartgekochtes Ei · 1 kleine Gewürzgurke · 1 Sardellenfilet aus der Dose · 50 g weiche Butter · 1 Teel. Senf · 1 Teel. Paprikapulver edelsüß · Salz · eventuell 2 Eßl. saure Sahne
Pro Portion etwa 670 Joule/160 Kalorien
3 g Eiweiß · 13 g Fett · 9 g Kohlenhydrate

- Garzeit: etwa 25 Minuten
- Zubereitungszeit ohne Abkühlzeit: etwa 10 Minuten

So wird's gemacht: Die Kartoffeln waschen und ungeschält in kochendem Wasser in etwa 25 Minuten garen. • Inzwischen das Ei schälen. Das Ei, die Gewürzgurke und das Sardellenfilet feinhacken. • Die Kartoffeln abgießen und auskühlen lassen. Danach schälen und in eine Schüssel reiben. Die Butter mit dem Senf verrühren und mit den Kartoffeln vermengen. Alle anderen vorbereiteten Zutaten unterrühren. • Den Aufstrich mit dem Paprikapulver und etwas Salz abschmecken. • Sollte die Masse zu fest sein, können Sie noch die saure Sahne unterrühren.

Paßt gut zu: deftigem Bauernbrot

Variante: Weißer Erdäpfelkas
4 Kartoffeln in der Schale garen, schälen und feinreiben. Mit 4 Eßlöffeln saurer Sahne und 1 feingehackten Zwiebel gut vermengen. Den Aufstrich mit Salz und frisch gemahlenem weißem Pfeffer würzen.

Walnuß-Knoblauch-Paste

125 g Walnüsse · 4 Knoblauchzehen · 1–2 Eßl. kaltgepreßtes Olivenöl · 1 Eßl. Petersilie, frisch gehackt · 1 Teel. getrockneter zerriebener Thymian · Salz
Pro Portion etwa 1080 Joule/260 Kalorien
5 g Eiweiß · 24 g Fett · 5 g Kohlenhydrate

• Zubereitungszeit: etwa 30 Minuten

So wird's gemacht: Die Walnüsse feinmahlen und in einen Mörser geben. Die Knoblauchzehen schälen, durch die Presse drücken und zu den Nüssen geben. Alles zu einer glatten Masse zerstoßen. • Nach und nach so viel Öl dazurühren, bis die Paste gut streichfähig wird. Die Paste mit der Petersilie, dem Thymian und etwas Salz würzen. • In einem verschließbaren Glas im Kühlschrank ist die Paste einige Tage – mit einer Schicht Olivenöl bedeckt einige Wochen – haltbar.

Paßt gut zu: Toastbrot, das zu Schaltieren gereicht wird.

Champignonaufstrich

250 g frische Champignons · 30 g Butter · 1 hartgekochtes Ei · ½ Zwiebel · 3 Eßl. saure Sahne · Salz · schwarzer Pfeffer, frisch gemahlen · 2 Eßl. Petersilie, frisch gehackt
Pro Portion etwa 465 Joule/110 Kalorien
4 g Eiweiß · 9 g Fett · 3 g Kohlenhydrate

• Zubereitungszeit: etwa 20 Minuten

So wird's gemacht: Die Champignons putzen, wenn nötig kurz waschen, und in feine Scheiben schneiden. • Die Butter in einer Pfanne erhitzen. Die Champignons hineingeben und bei starker Hitze unter ständigem Rühren etwa 5 Minuten braten, bis der entstehende Saft wieder fast verdampft ist. Die Pfanne vom Herd nehmen und die Champignons auskühlen lassen. • Das Ei und die Zwiebel schälen und feinhacken. Die erkalteten Champignons ebenfalls feinhacken und mit der sauren Sahne, dem Ei und der Zwiebel gut vermengen. • Den Aufstrich mit Salz und reichlich Pfeffer würzen und mit der Petersilie bestreut servieren.

Paßt gut zu: Toastbrot

Apfel-Paprika-Aufstrich

Paprikaschoten enthalten fast dreimal soviel Vitamin C wie die vitaminreichen Zitronen. Daher sollten Sie Paprikaschoten öfter mal roh genießen, wie beispielsweise in diesem pikanten Aufstrich.

je 1 rote, grüne und gelbe Paprikaschote (etwa 250 g) · 2 kleine säuerliche Äpfel · 1 Teel. Zitronensaft · 3–4 Eßl. Mayonnaise (50% Fett) · Salz
Pro Portion etwa 420 Joule/100 Kalorien
1 g Eiweiß · 6 g Fett · 10 g Kohlenhydrate

• Zubereitungszeit: etwa 15 Minuten

So wird's gemacht: Die Paprikaschoten waschen, von den Stielansätzen, Kernen und weißen Rippen befreien, feinhacken und in eine Schüssel geben. Die Äpfel schälen, von den Kerngehäusen befreien, feinraspeln und dazugeben. Den Zitronensaft und so viel Mayonnaise untermischen, bis die Masse streichfähig wird. • Den Aufstrich mit Salz abschmecken und sofort servieren.

Paßt gut zu: Schwarzbrot

Basilikumpaste

Pesto Genovese
Bild Seite 39

Pesto (bedeutet gestoßen) wird nicht nur in Genua, sondern auch im übrigen Italien gerne gegessen. Das Originalrezept schreibt Pecorino vor. Da dieser Käse manchmal schwer zu bekommen ist, können Sie ihn durch Parmesan ersetzen.

1 Bund frisches Basilikum · 4 Knoblauchzehen · 80 g Pinienkerne · 5 Eßl. Pecorinokäse, frisch gerieben · 4–5 Eßl. kaltgepreßtes Olivenöl · Salz · weißer Pfeffer, frisch gemahlen
Pro Portion etwa 1165 Joule/280 Kalorien
7 g Eiweiß · 25 g Fett · 6 g Kohlenhydrate

- Zubereitungszeit: etwa 40 Minuten
- Ruhezeit: etwa 12 Stunden

So wird's gemacht: Das Basilikum waschen, trockenschleudern, entstielen und feinhacken. Die Knoblauchzehen schälen und sehr fein hacken. Die Pinienkerne in einer trockenen Pfanne kurz rösten, dann feinmahlen. • Alle diese Zutaten zusammen mit dem Pecorino im Mörser fein zerstoßen oder unter Zugabe von etwas Olivenöl im Mixer fein pürieren. Dann nach und nach so viel Olivenöl dazugeben, bis eine glatte streichfähige Paste entsteht. • Den Pesto mit Salz und Pfeffer pikant abschmecken. • Etwa 12 Stunden zum Durchziehen in den Kühlschrank stellen, damit sich das Aroma voll entfalten kann. Verschlossen, kühl und dunkel aufbewahrt ist die Paste einige Wochen haltbar.

Paßt gut zu: frischem Weißbrot. Köstlich auch zu Nudelgerichten oder als Pizzabelag.

Linsenpaste

300 g Tellerlinsen · 1 l Wasser · 1 Lorbeerblatt · 1 Stückchen unbehandelte Zitronenschale · 1 kleine Zwiebel · 1 Knoblauchzehe · 2 Eßl. weiche Butter · 2 Eßl. Zitronensaft · Salz · ½ Teel. gemahlener Piment · 2 Eßl. Petersilie, frisch gehackt
Pro Portion etwa 1320 Joule/315 Kalorien
18 g Eiweiß · 7 g Fett · 44 g Kohlenhydrate

- Garzeit: etwa 1 Stunde
- Zubereitungszeit: etwa 20 Minuten

So wird's gemacht: Die Linsen waschen und in dem Wasser mit dem Lorbeerblatt und der Zitronenschale zugedeckt bei schwacher Hitze in etwa 1 Stunde weich kochen. • Dann das Lorbeerblatt und die Zitronenschale entfernen. Das Kochwasser abgießen und die Linsen noch heiß durch ein Sieb streichen oder im Mixer pürieren. Das Püree auskühlen lassen. • Die Zwiebel schälen und feinhacken. Die Knoblauchzehe ebenfalls schälen, dann durch die Presse drücken. Das Linsenpüree mit der Butter, dem Zitronensaft, der Zwiebel und dem Knoblauch verrühren. • Die Paste mit Salz und dem Piment würzen und mit der Petersilie bestreut servieren.

Paßt gut zu: gebuttertem Vollkornbrot

Eierhäckerle

4 Eier · 1 Zwiebel · 2 Eßl. Mayonnaise (50% Fett) · 1 Bund Petersilie · Salz · weißer Pfeffer, frisch gemahlen
Pro Portion etwa 535 Joule/130 Kalorien
8 g Eiweiß · 10 g Fett · 1 g Kohlenhydrate

- Zubereitungszeit: etwa 20 Minuten

Reizvolle Spezialitäten

So wird's gemacht: Die Eier in 10 Minuten hart kochen, danach kalt abschrecken, schälen und feinhacken. • Die Zwiebel schälen und ebenfalls feinhacken. Die Eier und die Zwiebel in einer Schüssel gut vermengen. Die Mayonnaise unterrühren. • Die Petersilie waschen, trockenschwenken, von groben Stengeln befreien, feinhacken und untermischen. • Das Eierhäckerle mit Salz und Pfeffer abschmecken.

Paßt gut zu: Vollkornbrot oder Knäckebrot

Pikanter Kastanienaufstrich

300 g Eßkastanien (Maronen) · Salz · 100 g Crème fraîche · 1 Teel. Zitronensaft · weißer Pfeffer, frisch gemahlen
Pro Portion etwa 1030 Joule/245 Kalorien
3 g Eiweiß · 10 g Fett · 35 g Kohlenhydrate

- Garzeit: etwa 40 Minuten
- Zubereitungszeit: etwa 15 Minuten

So wird's gemacht: Die Kastanien waschen und an den spitzen Enden mit einem scharfen Messer kreuzweise einschneiden. Die Kastanien in einen Topf geben und von Salzwasser bedeckt bei mittlerer Hitze in etwa 40 Minuten weich kochen. • Die Kastanien abgießen und noch warm von den Schalen und den braunen Innenhäuten befreien. • Die geschälten Kastanien pürieren, auskühlen lassen und mit der Crème fraîche in einer Schüssel gut vermengen. • Den Kastanienaufstrich mit dem Zitronensaft und reichlich Pfeffer pikant abschmecken.

Paßt gut zu: Graubrot oder Knäckebrot. Köstlich auch zu Broten, die mit Fleisch belegt werden.

Misoaufstrich

Miso ist eine schmackhafte Paste aus Sojabohnen und Getreide, die in Reformhäusern und Naturkostläden erhältlich ist.

*200 g Crème fraîche · 1 Eßl. Sojaöl ·
2 Eßl. Miso · 1 Zwiebel · 1 Bund Schnittlauch ·
schwarzer Pfeffer, frisch gemahlen*
Pro Portion etwa 850 Joule/180 Kalorien
2 g Eiweiß · 21 g Fett · 2 g Kohlenhydrate

- Zubereitungszeit: etwa 10 Minuten

So wird's gemacht: Die Crème fraîche mit dem Sojaöl in einer Schüssel glattrühren. Das Miso unterrühren. • Die Zwiebel schälen, feinhacken und dazumengen. Den Schnittlauch waschen, trockenschwenken, in feine Röllchen schneiden und hinzufügen. • Den Misoaufstrich mit etwas Pfeffer abschmecken.

Paßt gut zu: Vollkornbrot

Süßes aufs Brot

Hier möchte ich Ihnen einige Vorschläge unterbreiten, wie Sie Abwechslung auf den täglichen Frühstückstisch bringen können. Selbstverständlich schmecken diese köstlichen Aufstriche auch zu anderen Tageszeiten hervorragend. Marmeladen habe ich bewußt nicht berücksichtigt, weil es über dieses Thema bereits ausgezeichnete Ratgeber gibt.

Aprikosenquark

150 g reife Aprikosen · 250 g Quark (20% Fett) · 1 Teel. Aprikosenlikör · 2 Eßl. Puderzucker
Pro Portion etwa 485 Joule/115 Kalorien
8 g Eiweiß · 3 g Fett · 12 g Kohlenhydrate

• Zubereitungszeit: etwa 5 Minuten

So wird's gemacht: Die Aprikosen waschen, entsteinen und kleinschneiden. Den Quark mit dem Aprikosenlikör, dem Zucker und den Aprikosen verrühren.

Paßt gut zu: Weißbrot

Variante: Orangenquark
250 g Quark mit 1 geschälten kleingewürfelten Orange, 2 Eßlöffeln Puderzucker und 1 Teelöffel Orangenlikör cremig rühren.

Orangenbutter

80 g Puderzucker · 1 Eßl. Orangensaft · 1 Teel. Orangenlikör · abgeriebene Schale von ½ unbehandelten Orange · 125 g weiche Butter
Pro Portion etwa 1335 Joule/320 Kalorien
0 g Eiweiß · 26 g Fett · 21 g Kohlenhydrate

• Zubereitungszeit: etwa 5 Minuten

So wird's gemacht: Den Puderzucker mit dem Orangensaft, dem Orangenlikör und der Orangenschale glattrühren. Mit der Butter vermischen. • Im Kühlschrank ist die Orangenbutter bis zu 2 Wochen haltbar.

Paßt gut zu: Rosinenbrötchen, Brötchen und Zwieback. Beliebt auch als Füllung für Plätzchen und Crêpes.

Variante: Zitronenbutter
80 g Puderzucker mit 1 Eßlöffel Zitronensaft, der abgeriebenen Schale von ½ unbehandelten Zitrone und 1 Prise Ingwerpulver glattrühren. Mit 125 g weicher Butter vermischen.

Haselnußcreme

100 g Haselnüsse · 100 g weiche Butter · 2 Eßl. flüssiger Honig · 1 Eßl. Weinbrand
Pro Portion etwa 1600 Joule/380 Kalorien
3 g Eiweiß · 36 g Fett · 10 g Kohlenhydrate

• Zubereitungszeit: etwa 20 Minuten

So wird's gemacht: Die Haselnüsse in einer trockenen Pfanne unter häufigem Rütteln kurz rösten. Sobald die Häute zu platzen beginnen, die Haselnüsse in ein Tuch geben und die braunen Häute so gut wie möglich abreiben. Die Haselnüsse im Mörser zerstoßen oder sehr fein mahlen. • Die Butter mit dem Honig und dem Weinbrand verrühren und gut mit den Haselnüssen vermengen.

Paßt gut zu: Brötchen oder Weißbrot

Ingwerquark

Kandierte Ingerwurzeln verleihen Süßspeisen einen herb-würzigen exotischen Geschmack. Sie sind ein sehr intensiv schmeckendes Gewürz und sollten daher nur sparsam verwendet werden.

250 g Quark (20% Fett) · 2 Eßl. flüssiger Honig · 10 g kandierte Ingwerwurzeln
Pro Portion etwa 415 Joule/100 Kalorien
8 g Eiweiß · 3 g Fett · 9 g Kohlenhydrate

● Zubereitungszeit: etwa 5 Minuten

So wird's gemacht: Den Quark mit dem Honig in einer Schüssel cremig rühren. ● Die Ingwerwurzeln sehr fein hacken und unterrühren.

Paßt gut zu: Weißbrot oder Brötchen

Rheinisches Apfelkraut

Dieses Rezept aus dem obstreichen Rheinland eignet sich besonders gut für die Verwertung von Fallobst oder preiswerten Äpfeln vom Markt. Der aromatische Brotaufstrich ist monatelang haltbar.

Zutaten für etwa 600 g:
5 kg Äpfel
Pro 100 g etwa 1195 Joule/285 Kalorien
1 g Eiweiß · 5 g Fett · 56 g Kohlenhydrate

● Zubereitungszeit ohne Ablaufzeit: etwa 3 Stunden

So wird's gemacht: Die Äpfel waschen, achteln und von den Stengelansätzen und den Kerngehäusen befreien. Nicht schälen; Faul- und Druckstellen großzügig wegschneiden. ● Die Apfelstücke in einem großen Topf in ganz wenig Wasser bei mittlerer Hitze unter häufigem Rühren etwa 2 Stunden kochen, bis sie zu Mus zerfallen. ● Ein großes Haarsieb mit einem Mulltuch auskleiden. Das Apfelmus portionsweise hineingeben und den Saft in eine Schüssel ablaufen lassen. Die Rückstände nur vorsichtig ausdrücken, damit der Saft nicht trüb wird. ● Den gewonnenen Saft in einem Topf mit großem Durchmesser unter häufigem Rühren etwa 40 Minuten einkochen lassen, bis das Apfelkraut goldgelb und zähflüssig wie Honig geworden ist. Das Apfelkraut auskühlen lassen.

Paßt gut zu: hellem Bauernbrot

Mandel-Schoko-Creme

Bild 3. Umschlagseite

100 g Mandeln · 50 g Vollmilchschokolade · 50 g weiche Butter · 1 Teel. Rum · ½ Päckchen Vanillinzucker · etwa 4 Eßl. Sahne
Pro Portion etwa 1520 Joule/360 Kalorien
6 g Eiweiß · 30 g Fett · 16 g Kohlenhydrate

● Zubereitungszeit: etwa 15 Minuten

So wird's gemacht: Die Mandeln mit kochendheißem Wasser überbrühen, kurz ziehen lassen, schälen und feinmahlen. Die Schokolade feinreiben. ● Die Butter mit den Mandeln, der Schokolade, dem Rum und dem Vanillinzucker verrühren. So viel Sahne dazugeben, bis die Creme gut streichfähig wird.

Paßt gut zu: Weißbrot oder Brötchen

Möhrenbutter

Möhren enthalten reichlich Karotin, eine Vorstufe des Vitamins A. Fettlösliche Vitamine, zu denen auch Vitamin A zählt, sollten immer zusammen mit Fett verzehrt werden, damit sie der Körper verwerten kann. Eine ideale Kombination ist die schmackhafte Möhrenbutter.

60 g weiche Butter · 1 Eßl. flüssiger Honig · 1 Eßl. Zitronensaft · 1 Prise Ingwerpulver · 100 g junge Möhren
Pro Portion etwa 575 Joule/135 Kalorien
0 g Eiweiß · 13 g Fett · 6 g Kohlenhydrate

● Zubereitungszeit: etwa 10 Minuten

So wird's gemacht: Die Butter mit dem Honig, dem Zitronensaft und dem Ingwerpulver in einer Schüssel verrühren. ● Die Möhren gründlich waschen, mit einer harten Bürste abschrubben, feinraspeln und gut mit der Buttermasse vermengen. ● Die Möhrenbutter ist im Kühlschrank etwa 1 Woche haltbar.

Paßt gut zu: Weizenkeim- oder Grahambrötchen

Süßer Apfelquark

1 süßer Apfel · 250 g Quark (20% Fett) · 1 Teel. Zitronensaft · 1 Prise Zimtpulver · eventuell Zucker
Pro Portion etwa 400 Joule/95 Kalorien
8 g Eiweiß · 3 g Fett · 7 g Kohlenhydrate

● Zubereitungszeit: etwa 5 Minuten

So wird's gemacht: Den Apfel schälen, vierteln, vom Kerngehäuse befreien, feinraspeln und mit dem Quark verrühren. ● Den Apfelquark mit dem Zitronensaft, dem Zimtpulver und eventuell etwas Zucker abschmecken.

Paßt gut zu: Weißbrot

Variante: Bananenquark
1 reife Banane schälen, mit einer Gabel zerdrücken und mit 250 g Quark, 1 Eßlöffel Sahne, 1 Prise Zimtpulver und eventuell etwas Zucker cremig rühren.

Dattelaufstrich

Getrocknete Datteln stillen auf ideale Weise das Verlangen nach Süßem, da sie viele Vitamine und wichtige Mineralstoffe enthalten.

250 g getrocknete ungeschwefelte Datteln · 30 g weiche Butter · 2 Eßl. Sahne · 80 g Mandeln · 1 süßer Apfel
Pro Portion etwa 1675 Joule/400 Kalorien
5 g Eiweiß · 19 g Fett · 52 g Kohlenhydrate

● Zubereitungszeit: etwa 20 Minuten

So wird's gemacht: Die Datteln entsteinen, kleinschneiden und mit der Butter und der Sahne gut vermengen. ● Die Mandeln mit kochendem Wasser überbrühen, kurz ziehen lassen, schälen und feinmahlen. Den Apfel schälen, vom Kerngehäuse befreien, feinraspeln und mit den Mandeln unter die Dattelmasse mischen.

Paßt gut zu: Weißbrot oder knusprigen Brötchen

Schokoladencreme

150 g Vollmilchschokolade · 40 g Butter · 1 Eßl. Rum · 1 Prise Instant-Kaffeepulver
Pro Portion etwa 1165 Joule/275 Kalorien
3 g Eiweiß · 20 g Fett · 21 g Kohlenhydrate

● Zubereitungszeit: etwa 15 Minuten

So wird's gemacht: Die Schokolade in kleine Stückchen brechen und in einen Topf geben. Den Topf in ein heißes Wasserbad stellen und

Beim Wasserbad darf das Wasser nur bis kurz vor den Siedepunkt erhitzt werden, also nicht kochen.

die Schokolade bei schwacher Hitze schmelzen lassen. ● Die Butter, den Rum und das Kaffeepulver einrühren. ● Die Schokoladencreme auf Zimmertemperatur abkühlen lassen, erst dann servieren.

Paßt gut zu: Brötchen und allen hellen Brotsorten

Variante: Wenn Sie den Aufstrich nicht so süß mögen, können Sie die Vollmilchschokolade ganz oder teilweise durch Blockschokolade oder zartbittere Schokolade ersetzen.

Kürbiskernaufstrich

Kürbiskerne bekommen Sie in Reformhäusern und Naturkostläden. Sie enthalten wertvolle Vitamine und pflanzliches Eiweiß und sind daher eine gesunde Ergänzung für unsere Nahrung.

75 g geschälte Kürbiskerne · 75 g weiche Butter · 3 Eßl. Puderzucker · 1 Teel. Zitronensaft
Pro Portion etwa 1135 Joule/270 Kalorien
5 g Eiweiß · 22 g Fett · 12 g Kohlenhydrate

● Zubereitungszeit: etwa 15 Minuten

So wird's gemacht: Die Kürbiskerne in einer trockenen Pfanne unter häufigem Rütteln kurz rösten. Dann im Mörser zerstoßen oder im Mixer zerkleinern. ● Die Kürbiskerne mit der Butter, dem Puderzucker und dem Zitronensaft gut vermengen.

Paßt gut zu: knusprigen Brötchen oder Weißbrot

Beerenquark

100 g Beeren (zum Beispiel Erdbeeren, Himbeeren, Brombeeren, Heidelbeeren oder Johannisbeeren) · 250 g Quark (20% Fett) · eventuell 2-4 Eßl. Zucker
Pro Portion etwa 475 Joule/115 Kalorien
8 g Eiweiß · 3 g Fett · 12 g Kohlenhydrate

● Zubereitungszeit: etwa 10 Minuten

So wird's gemacht: Die Beeren sorgfältig waschen, abtropfen lassen, wenn nötig entkelchen, und im Mixer zerkleinern. ● Das Beerenmus mit dem Quark verrühren und eventuell etwas zuckern.

Süßes aufs Brot

Trockenfruchtmus

250 g gemischte ungeschwefelte Trockenfrüchte (zum Beispiel Aprikosen, Pfirsiche, Apfelringe und Pflaumen) · etwa ⅛ l Weißwein oder Apfelsaft · 1 Eßl. Zitronensaft · 4–6 Eßl. flüssiger Honig · 1 Prise Zimtpulver
Pro Portion etwa 1025 Joule/245 Kalorien
2 g Eiweiß · 0 g Fett · 53 g Kohlenhydrate

- Quellzeit: 12 Stunden
- Zubereitungszeit: etwa 10 Minuten

<u>So wird's gemacht:</u> Die Trockenfrüchte in heißem Wasser waschen, wenn nötig entsteinen, kleinwürfeln und in eine Schüssel geben. So viel Weißwein oder Apfelsaft darübergießen, daß die Früchte gut davon bedeckt sind. Die Früchte über Nacht zugedeckt quellen lassen. • Am nächsten Tag die Früchte abtropfen lassen. Dabei den Weißwein auffangen und beiseite stellen. • Die Früchte mit dem Zitronensaft im Mixer pürieren. Den Honig und das Zimtpulver dazugeben. Eventuell noch etwas von dem Weißwein oder Apfelsaft unterrühren, damit das Mus gut streichfähig wird. • Das Trockenfruchtmus hält sich im Kühlschrank einige Tage.

<u>Paßt gut zu:</u> knusprigen Brötchen oder Knäckebrot

> **Mein Tip** Auch getrocknete Aprikosen allein ergeben einen sehr aromatischen Aufstrich. Trockenpflaumen allein schmecken zwar auch gut, sind aber eher für Leute mit Verdauungsproblemen zu empfehlen.

Rosinenquark

250 g Quark (20% Fett) · 1 Eßl. flüssiger Honig · 100 g Rosinen · 1 Teel. Zitronensaft · 1 Prise Zimtpulver
Pro Portion etwa 620 Joule/150 Kalorien
8 g Eiweiß · 3 g Fett · 20 g Kohlenhydrate

- Zubereitungszeit: etwa 5 Minuten

<u>So wird's gemacht:</u> Den Quark mit dem Honig in einer Schüssel cremig rühren. • Die Rosinen waschen, trockentupfen, mit dem Wiegemesser feinhacken und unterrühren. • Den Rosinenquark mit dem Zitronensaft und dem Zimtpulver abschmecken.

<u>Paßt gut zu:</u> hellen Vollkornbroten

Variante: Honigquark
250 g Quark mit 2 Eßlöffeln flüssigem Honig, 1 Eigelb, 1 Teelöffel Zitronensaft und 1 Prise Zimtpulver verrühren.

Zitronenaufstrich

Lemon Cheese

Den in England sehr beliebten Brotaufstrich kann man auch bei uns in Delikateßgeschäften tafelfertig in Gläsern kaufen. Selbstgemacht entlastet er das Haushaltsbudget und schmeckt auch viel besser.

*Zutaten für etwa 8 Portionen:
2 unbehandelte Zitronen · 2 Eier · 60 g Butter · 200 g Zucker*
Pro Portion etwa 830 Joule/195 Kalorien
2 g Eiweiß · 10 g Fett · 51 g Kohlenhydrate

- Zubereitungszeit: etwa 25 Minuten

Süßes aufs Brot

So wird's gemacht: Die Zitronen unter fließendem heißem Wasser sehr gründlich abbürsten, abtrocknen und die Schalen abreiben. Die Zitronen dann auspressen. • Die Eier in einem Topf verquirlen. Die Zitronenschale, den Zitronensaft, die Butter und den Zucker dazurühren. • Den Topf in ein heißes Wasserbad stellen. Die Eiermasse unter ständigem Rühren bei schwacher Hitze etwa 15 Minuten garen, bis sie dickflüssig geworden ist. Etwas abkühlen lassen, dann durch ein Sieb streichen. • Der Aufstrich hält sich im Kühlschrank etwa 1 Woche.

Paßt gut zu: gebutterten Brötchen oder Toast. Den Lemon Cheese dünn aufstreichen, da er ein kräftiges feinsäuerliches Aroma hat.

Süßer Kastanienaufstrich

300 g Eßkastanien (Maronen) · Salz · 50 g weiche Butter · 50 g Puderzucker · 1 Päckchen Vanillinzucker · 1 Eßl. Kirschlikör
Pro Portion etwa 1300 Joule/310 Kalorien
3 g Eiweiß · 12 g Fett · 48 g Kohlenhydrate

- Garzeit: etwa 40 Minuten
- Zubereitungszeit: etwa 15 Minuten

So wird's gemacht: Die Kastanien waschen und an den spitzen Enden mit einem scharfen Messer kreuzweise einschneiden. Die Kastanien in einen Topf geben und von ganz leicht gesalzenem Wasser bedeckt bei mittlerer Hitze in etwa 40 Minuten weich kochen. • Die Kastanien abgießen und noch warm von den Schalen und den braunen Innenhäuten befreien. • Die geschälten Kastanien pürieren, auskühlen lassen und mit der Butter in einer Schüssel gut vermengen. Den Puderzucker und den Vanillinzucker hinzufügen. • Den Kastanienaufstrich mit dem Kirschlikör abschmecken.

Weinbrandbutter

30 g Puderzucker · 2–3 Eßl. Weinbrand · 125 g weiche Butter · 1 Prise Zimtpulver
Pro Portion etwa 1185 Joule/280 Kalorien
0 g Eiweiß · 26 g Fett · 8 g Kohlenhydrate

- Zubereitungszeit: etwa 5 Minuten

So wird's gemacht: Den Puderzucker mit dem Weinbrand in einer Schüssel glattrühren. Mit der Butter gut vermengen. • Die Weinbrandbutter mit dem Zimtpulver abschmecken.

Paßt gut zu: Brötchen. Köstlich auch als Füllung für Crêpes.

Variante: Rumbutter
125 g weiche Butter mit 2–3 Eßlöffeln weißem Rum, 20 g Puderzucker und 1 Spritzer Zitronensaft verrühren.

Variante: Sherrybutter
125 g weiche Butter mit 2–3 Eßlöffeln trockenem Sherry, 1 Eßlöffel Sahne und 20 g Puderzucker verrühren.

Rezept- und Sachregister

kursiv gesetzte Zahlen verweisen auf Farbbilder.

Ajwar 43
Apfelkraut, Rheinisches 49
Apfel-Paprika-Aufstrich 45
Apfelquark, pikanter 17
–, Süßer 50
Aprikosenquark 48
Auberginencreme 44
Avocadoaufstrich *9, 36*

Bananenquark 50
Basilikumbutter 13
Basilikum-Oliven-Käse *20,* 21
Basilikumpaste *39, 46*
Beerenquark 51
Bierkäse 22
Brotaufstrich aus grünen Bohnen 36
– aus weißen Bohnen 38
– nach Znaimer Art 22
Bücklingsbutter 13
Bulgarischer Käseaufstrich 23
Butter, Basilikum- 13
–, Bücklings- 13
–, Curry- 12
–, Dill- 11
–, Eigelb- 7
–, Feine Dorschleber- 7
–, Haselnuß- 6
–, Käse- 12
–, Käse-Walnuß- 12
–, Kaviar- 8
–, Knoblauch- 7
–, Kräuter- 11
–, Lachs- 12
–, Mandel- 6
–, Meerrettich- 7
–, Möhren- 50
–, Oliven- 13
–, Orangen- 48
–, Paprika- 12
–, Pfeffer- 12
–, Pilz- 13
–, Pistazien- 6
–, Quark- 8
–, Roquefort- 6

Butter, Rum- 53
–, Sardellen- 11
–, Sardinen- 7
–, Schabziger- 11
–, Schinken- 8
–, Senf- 7
–, Sherry- 53
–, Tomaten- 13
–, Walnuß- 6
–, Weinbrand- 53
–, Zitronen- 48
–, Zungen- 8
–, Zwiebel- 7

Champignonaufstrich 45
Currybutter 12
Curryquark 17

Dattelaufstrich 50
Dillbutter 11
Dorschleberbutter, feine 7

Eierhäckerle 46
Eigelbbutter 7
Ei, Schinken-Aufstrich 33
Ei-Tomaten-Aufstrich 37, *40*
Erdäpfelkas 44
– weißer 44
Erdnußpaste 42

Französischer Schweinefleischaufstrich 32
Frühstücksaufstrich, herzhafter 31

Gänseschmalz 34
Gorgonzolacreme 24
Griebenschmalz, Großmutters *30,* 33
Griechische Rogenpaste 27
Grünkernpaste *29,* 43

Haselnußbutter 6
Haselnußcreme 48
Hefeaufstrich 41
Heringshäckerle, Schlesisches 26

Heringsquark, deftiger 17
Heurigenaufstrich, Wiener 15, *19*
Honigquark 53
Hühnercreme, feine 35
Hühnerleber, gehackte 35
Hummus 38

Ingwerquark 49

Japanischer Tofuaufstrich 41

Kalbsleberaufstrich 33
Kapern, Olivenpaste mit 42
Kärntner Verhackertes 28
Käseaufstrich, Bulgarischer 23
–, Ungarischer 24
Käse, Basilikum-Oliven- *20,* 21
–, Bier- 22
Käsebutter 12
Käsequark 16
Käse-Walnuß-Butter 12
Kastanienaufstrich, pikanter 47
–, Süßer 53
Kaviarbutter 8
Kichererbsenpaste, Orientalische 38
Knoblauchbutter 7
Knoblauchquark 14
Krabbenpaste 27
Kräuterbutter 11
Kräutermühle 12
Kräuterquark 18, *2. Umschlagseite*
Küchenhelfer, praktische 5
Kümmelquark 17
Kürbiskernaufstrich 51

Lachsaufstrich, Schwedischer 27
Lachsbutter 12
Leber, gehackte Hühner- 34
Leberwurstaufstrich, delikater 34
Leinölquark 21
Lemon cheese 52
Linsenpaste 46
Liptauer 16
– garniert 16

GU Küchen-Ratgeber

Alles, was gut schmeckt! Tolle Rezepte von gestern und heute. Die beliebten Küchen-Ratgeber – zum Sammeln wie geschaffen. Jeder Band mit 56–72 Seiten, 10–25 Farbfotos, vielen Zeichnungen, Paperback.

Wählen Sie aus:

- Köstliche Aufläufe
- Backen nach Großmutters Art
- Selber Brot backen
- Köstliche Ei-Gerichte
- Selber einmachen
- Köstliche Eintöpfe aus aller Welt
- Köstliche Fisch-Gerichte
- Reizvolle Fleisch-Rezepte
- Reizvolle Fondue-Rezepte
- Köstliche Geflügel-Gerichte
- So schmeckt's vom Holzkohlengrill
- Reizvolle Rezepte mit Käse
- Reizvolle Kartoffel-Gerichte
- Kochen mit Knoblauch
- Küchenkräuter selbst gezogen
- Köstliche Lamm-Spezialitäten
- Mixgetränke – mit und ohne Alkohol
- Nudel-Variationen
- Pizza, Calzone und Focaccia
- Plätzchen selbst gebacken
- Köstlichkeiten mit Quark und Joghurt
- Raffiniert würzen – leicht gemacht
- Reizvolle Rezepte für 1 Person
- Bunte Salate mit Variationen
- Köstliche Saucen selbst gemacht
- Gutes aus dem Schnellkochtopf
- Toast raffiniert
- Kochen mit Tomaten
- Vollkorn-Rezepte
- Wildgerichte – leicht gemacht
- Köstliches aus dem Wok
- Kochen mit Zwiebeln
- Chinesisch kochen – leicht gemacht
- Echt französisch kochen
- Echt griechisch kochen
- Indonesisch kochen – leicht gemacht
- Echt italienisch kochen
- Echt provenzalisch kochen

GU Gräfe und Unzer

Rezept- und Sachregister

Makrelenaufstrich, Norwegischer 26
Mandelbutter 6
Mandel-Schoko-Creme 49, *3. Umschlagseite*
Mascarponeaufstrich aus Triest 22
Meerrettichbutter 7
Meerrettichquark 21
Misoaufstrich 47
Möhrenaufstrich 41
Möhrenbutter 50
Mörser 5

Norwegischer Makrelenaufstrich 26

Obatzter *10*, 25
Olivenbutter 13
Olivenpaste mit Kapern 42
Olivenpaste, Spanische 36
Orangenbutter 48
Orangenquark 48
Orientalische Kichererbsenpaste 38

Paprika, Apfel-Aufstrich 45
Paprikaaufstrich, Serbischer 43
Paprikabutter 12
Paprikaquark 17
Pesto Genovese *39*, 46
Pfefferbutter 12
Pikanter Apfelquark 17
 - Kastanienaufstrich 47
Pilzbutter 13
Pinienkern-Frischkäse mit Kresse 24
Pistazienbutter 6
Polnischer Zwiebelaufstrich 37
Praktische Küchenhelfer 5

Quark, Aprikosen- 48
-, Bananen- 50
-, Beeren- 51
-, butter 8
-, Curry 17
-, Deftiger Herings- 17
-, Honig- 53
-, Ingwer- 49

Quark, Käse- 16
-, Knoblauch- 14
-, Kräuter- 18, *2. Umschlagseite*
-, Kümmel- 17
-, Leinöl- 21
-, Meerrettich- 21
-, Orangen- 48
-, Paprika- 17
-, Pikanter Apfel- 17
-, Radieschen- 15
-, Rettich- 17
-, Romadur- 23
-, Roquefort- 23
-, Rosinen- 52
-, Schinken- 15
-, Sellerie- 21
-, Süßer Apfel- 50
-, Tomaten- 14
-, Weißlacker- 23
-, Zwiebel- 17

Radieschenquark 15
Rettichquark 17
Rheinisches Apfelkraut 49
Rillettes de porc 32
Rogenpaste, Griechische 27
Romadurquark 23
Roquefortbutter 6
Roquefortquark 23
Rosinenquark 52
Rumbutter 53

Sardellenbutter 11
Sardinenbutter 7
Schabzigerbutter 11
Schinkenbutter 8
Schinken-Ei-Aufstrich 33
Schinken-Quark 15
Schlesisches Heringshäckerle 26
Schmalz, Gänse- 35
-, Großmutters Grieben- *30*, 33
Schokoladencreme 51
Schoko, Mandel-Creme 49, *3. Umschlagseite*
Schwedischer Lachsaufstrich 27
Schweinefleischaufstrich, Französischer 32
Schusteraufstrich 31

Senfbutter 7
Selleriequark 21
Serbischer Paprikaaufstrich 43
Sesampaste 42
Sherrybutter 53
Spanische Olivenpaste 36
Süßer Apfelquark 50
 - Kastanienaufstrich 53

Tahini 42
Tapénade 42
Taramosaláta 27
Tatarenaufstrich 28
Thunfischaufstrich, feiner 26
Tofuaufstrich, Japanischer 41
Topfenkas, Waldviertler 18
Tomatenbutter 13
Tomaten, Ei-Aufstrich 37, *40*
Tomatenquark 14
Trockenfruchtmus 52

Ungarischer Käseaufstrich 24

Verhackertes, Kärntner 28

Waldviertler Topfenkas 18
Walnußbutter 6
Walnuß-Knoblauch-Paste 45
Weinbrandbutter 53
Weißlackerquark 23
Wiener Heurigenaufstrich 15, *19*

Zitronenaufstrich 52
Zitronenbutter 48
Zungenaufstrich, pikanter 28
Zungenbutter 8
Zwiebelaufstrich, Polnischer 37
Zwiebelbutter 7
Zwiebelquark 17
Zwiebelstreichwurst 31

Die Mandel-Schoko-Creme bringt ▷ Abwechslung auf jeden Frühstückstisch. Sie können Sie zusätzlich mit gehackten Pistazien bestreuen. Rezept Seite 49.